ナラティヴ・コンサルテーション

書くことがひらく臨床空間

NARRATIVE CONSULTATION

小森康永・安達映子［著］

Ψ
金剛出版

序

人生はよく旅に喩えられる。マラソンにも喩えられる。しかし幸い、人生に競争相手はいない。マイケル・ホワイトの言葉を思い出す。

旅に出ることはわかっていても、目的地は正確に特定されず、そこに至るルートもあらかじめ決められてはいない。たぶん、驚くほど眺めの良いルートを通って未知の目的地へ至ることだけがわかっている。そして目的地に近づくとき、私たちは他の経験世界に足を踏み入れているのである。

（White, 2007／邦訳六頁）

問題解決に向けてハイウェイを一直線に突っ走るのもいい――その先にもっと良いことが待っているのなら。しかし、その途上で見る風景はことのほか格別なものだと知ったなら、あなたはどうする。

†

ある年の春先、一人の内科医から講師依頼を受けた。研究会で「ナラティヴ・メディスン」について話してほしいと。結局、彼女にナラティヴ・メディスンの文章作成課題であるパラレルチャートを書いてもらい、当日の後半は、「あたかも症例検討会」にあてた。これが「パラレルチャートをあたかもでひらく」おそらく世界初の試みとなった。その成り行きは第9章に記した通り驚くべきものとなった——このように書いたところでピンとこない読者も多いだろうけれど、本書を通して何度も立ち戻りながら説明されていくので、しばしご容赦いただきたい。その話に最初に価値を見出したのが共著者の安達映子さんである。彼女はすでにいつの頃からか「ナラティヴ・コンサルテーション」という用語を創案し、自分の仕事を概念化していた。文章・映像・音楽など様々な媒体をいろいろな形でリフレクティングすることに強い関心を持っていたわけだから、「パラレルチャートをあたかもでひらく」ことも当然その範疇にあった。

†

「ナラティヴ・コンサルテーション」と聞いて、「ナラティヴ・セラピーの手法によるコンサルテーション」を思い浮かべた方も多いだろう。透明性が高く、平等主義的で、多声性を重んじる実践。それはもちろんそうあるべきだが、ただ、ナラティヴ・セラピーの手法をそのまま援用したものにはしたくなかった。それならすでに、マイケルの『セラピストの人生という物語』にあまりに見事な実践が記述されている。

今回、そのような実践を提示するに当たって、一つのヒントにしたのが、同じくマイケルの『物語としての家族』の三分の二を文書手段が占めていることである。「問題の外在化」と「文書手段」という新奇な手法で「ナラティヴ」というキーワードは一九九〇年代の心理療法界を席巻したわけだが、なぜか後者を実践する人は少なかった。マイケルは二〇〇八年に他界したが、晩年、ナラティヴ・セラピストたちが自分の真似ばかりして困るとぼやいていたという。結局、「ナラティヴ・コンサルテーションの中核にあるのは、パラレルチャートをリフレクティングする実践である」としたのは、この本が仕上がる少しだけ前のことになった。

†

ここで問題となるのは、支援者の間を患者に関わる記述が往来することである。守秘義務を遵守しながら、より良い治療のためのコンサルテーションが維持されなければならない。個人情報というものの定義は現代において刻一刻と変わりつつあるが、「カルテは患者と支援者双方のものである」という認識がその基本にある。ならば、カルテそのものをその一部であれ（それがコンサルテーションのためであれ）患者に無断で使ってはならないということになる。透明性の観点からは、コンサルテーションについて患者に伝えられることが好ましいが、事前に患者に知らせることで、その関係性自体が大きく（危惧するのはネガティブに）影響されることも事実である。では、どうすべきか。

本書で提唱するナラティヴ・コンサルテーションは、パラレルチャートをリフレクティングしあう実践が中心になる。よって、これも後述するが、まずそもそも「パラレルチャート＝カルテに書けない事項が書かれた文書」という定義自体に活路を見出すことができるのではないか。例えば、パラレルチャートを書く際にカルテは参照しない、書き手自身の一人称で、主人公を自分にするなど工夫する、具体的な医療情報・心理社会的情報は極力省略する、物語自体を寓話化することなどを求めたい。端的に言えば、患者ではなく自分のことを書き、そこに盛り込まざるを得ない患者に関わる事柄は極力削除するということだ。その削除の仕方は逆に自分の問題に関する理解度を反映する——ここまでくると、パラレルチャートというよりパラレル・ファーブルとでも呼んだ方がよいだろうか。また、パラレルチャートは安易にメールで送らず、コンサルテーションの場で直接ないしは郵送で共有することも大切だ。

†

これから探求される私たちのコンサルテーション手法——書いたものを読んでもらって応答をもらうという構造が、どことなく——新味に欠けるというよりは——地に足がついたように感じるのは私だけだろうか。実は、これは日本古来の詩歌創作の様式、つまり「うたげと孤心」に似ているのである。[註1] 一人でも多くの方々が好みに合ったコンサルテーションを得て、より自由な実践に向かわれることを願う。

小森康永

●註1——大岡信『うたげと孤心』(一九七八年)。大岡は、本歌取りや連歌や「歌合」のような「うたげ」の場の「合す」原理=協調・競争と、その只中で立ち還られる創作者の「孤心」を日本の文芸制作の独自性として描き出している。

ナラティヴ・コンサルテーション

書くことがひらく臨床空間——目次

第1章――

ナラティヴ・コンサルテーションへ

1.1　ナラティヴ・メディスンからナラティヴ・コンサルテーションへ

誰かが自分のパラレルチャートをそっと読み始めると、場は静まり耳が患者と家族と医療者のストーリーに集まる。読み手の声は時に震え、ふいに緊迫し熱を帯びる。その音調や緩急も含めて物語は動き、そこに引き込まれる。直接書かれてはいないのに、情景が広がり、音が聞こえ、匂いや湿度がありありとする。数行で涙声になる読み手があるかと思うと、淡々とユーモラスな語り口で読まれる文章になぜか涙が止まらない聴き手がいる。不思議な一体感と温かさがある。今初めて聴いたこのストーリーを、わたしは「知っている」。

ところが、それを共有する段になると、ストーリーは見事に拡散する。聴き手は、自在にストーリーを読む。受け取られる物語は、多彩になる。わたしが深く記憶しているのは、文章を書いた人が、向けられる応答や質問を耳にして目を瞠る、意外そうな、その上で「ああ、そうかもしれない」と得心する、その表情だ。文章には、作者が「知らない」ことも書かれている。それはもちろん、書き手の落ち度ではない。ストーリーは、書かれ、書き直され、読まれ、受け取られるそのたびに、幾重にも多様になる。患者と臨床者の物語は、何度も生まれ、生まれ変わる。

†

ある病院の一室に一二名ほどの医療ソーシャルワーカーに集まってもらったのは、春の土曜午後だったと記憶している。シャロンらが医療者の教育プログラムとして提唱した「ナラティヴ・メディスン」(Charon, 2006, Charon et al., 2017) のはじめての試行だった。レベッカ・ブラウンの『体の贈り物』[註1]を読み、そこから喚起・想起されるカルテには書かれなかった患者/あるいは患者と私についての物語的記述、すなわち「パラレルチャート」をA4用紙一枚で書いて持参することだけが当日参加者には依頼されていた。冒頭三〇分ほどレクチャーを簡単に行い、後は一人ひとり準備してきた文章を読み上げ、一五分から二〇分で共有することを全員で繰り返す。ソーシャルワーカーたちが何を書いてくるのか、それを読み合うことがどのような場を作るのか予測はできていなかったが、想像をこえて濃密な時間がうまれていた。

この経験をキックオフにして、パラレルチャートに傾倒していったわたしがまず関心をもったのは、ナラティヴ・メディスンが明示する物語能力 narrative competence とそれを高めるための物語的訓練 narrative training という発想と、これに寄与する「書くこと writing」の力と面白さだった。だがそのうち、その書きものがクライエント／患者をめぐる省察的記述 reflective writing でもあるなら、それを共有する場は、書くことによって新しい声を与えられた事例が、複数の声でさらに押し拡げられ検討されるコンサルテーション空間にもなるのではないかと考えるようになった。見立てや介入の良し悪しを判断し、正解を探り助言を得るような従来型のコンサルテーションとは趣が異なる。文章を書いた者が、想定を超えた質問や予想しえない共鳴にふれて、目を瞠りながらも半ば腑に落ちて「ああ」ともらすとき、事例はひらかれる。それはまさに、事例が〝ナラティヴに〟なるとでもいうべきコンサルテーションではないかと。

1-2 〝ナラティヴに〟するコンサルテーションとは

では、事例を〝ナラティヴに〟するコンサルテーション、すなわちナラティヴ・コンサルテーションとは、どのようなプロセスや営みを指すのだろうか。

- ナラティヴ・アプローチの立場を前提に、〈問題の原因〉や〈事例の本質〉や〈クライエントの真意〉や〈正しい介入〉や〈あるべき支援者の姿〉を探らずに、コンサルティの実践とクライエントの利益に貢献しうるコンサルテーションの方法と実践を探求すること。
- 事例や状況を一つの結論に導くことなく捉え、拡がりのなかで多様なままに保ち、そこからいかに複数の語り方を生み出せるかに専心すること。
- そして、その中で支援者やチームの、もちろん同時にクライエントとその家族の、手にする選択肢が拡がり増えること。

このように事例や状況をひらくことを志向しつつ進める協働的対人支援職／臨床現場支援の様々なかたちを、わたしたちはナラティヴ・コンサルテーションと呼びたいと考えている。

ナラティヴ・アプローチとは、人々がナラティヴ（物語 story）という様式で生きていることに関心を寄せ、その視点から人々と世界を理解し、はたらきかけを試みようとする営為の総称として広く捉えることができる。このとき最も重要になるのは、言語はそれに先だって存在する事象や出来事、経験を写し取る手段ではないし、その写し取りの行為がナラティヴ（語り・語ること telling）なのでもないという、その視点である。事象や出来事、経験といった人々の生きる世界を構成し、産み出す行為としてナラティヴをとらえる、ポストモダニズムにおいて共有された言語論的転回 linguistic turn がここでは強く意識されている。

だからこそ、ナラティヴ・コンサルテーションにおいて接近しようとする事例や状況もまた、人々のナラティヴに先立って確たるものとして存在する何か、ではない。事例は、語られて一つの物語、ナラティヴとして差し出される。そこに様々に異なる語り手や語り方、聴き手や聴き方を配しながら、物語をひらく――荷を丁寧に解くように開き unpack、むしろ耕しながら新しい芽を待つように拓いて cultivate いく――ことで、それまでとは違ったナラティヴを育むことが、このコンサルテーションの焦点となる。そして、クライエント／患者と支援者の双方が取り得る次の手立てが、その中で見出されるのを支えたいと思う。その一連を、事例が〝ナラティヴに〟なるプロセスとしてとらえてみたいのだ。

「コンサルテーション」という概念を明確にしたといわれる精神科医キャプランは、メンタルヘルス領域においてコンサルテーションとは、二人の専門家（その一方をコンサルタントと呼び、他方をコンサルティと呼ぶ）間の相互作用の一つの過程であるとし、コンサルティが、自分の抱えるクライエントに関連した特定の問題を効果的に解決できるよう、コンサルタントに援助を求める関係を指すと述べている（Caplan, 1970）。この定義以降、コンサルテーションの特徴として共有されていることを整理すれば、以下の四点になるだろう。

①コンサルタントはコンサルティと異なる専門性をもつ／ないしは所属する組織・機関の外部に属する専門家であること
②コンサルタントとコンサルティはそれぞれ専門家として対等な関係であり、コンサルティングはその両者の協働的プロセスであること
③コンサルタントは、コンサルティ自身がクライエントの問題解決に向けて責任を果たせるように間接的に援助する者であり、クライエントに対する直接的な責任は負わないこと
④コンサルテーションで扱われるのは、特定の問題、すなわち個別の事例やチーム・組織における限定的課題であること

コンサルタントは他の／外部の専門家でなくてはならないというコンサルテーションの要件は、同じ専門性を有するスーパーバイザーが上下関係のもと一定期間スーパーバイジーの監督指導・教育及び力量形成に努め、両者がともにクライエントへの関与と問題解決に責任を負うスーパービジョンとの違いを明確にする。加えて、これに照らして確認すべきは、ナラティヴ・コンサルテーションにおけるコンサルタントの専門性が、他領域の専門性というよりも、ナラティヴ・パースペクティヴを維持しながら事例をひらくための文脈を作り、コンサルティやそこに参加する人々を多声的 multivoiced で多層的 multistoried なものに向けて案内する姿勢やスタンスを指す、ということだ。いずれにせよナラティヴ・コンサルテーションもまた、対人支援職であるコンサルティと事例をひらくパートナーあるいはガイドとして専門性を発揮しうるコンサルタントによる取り組みであり、個人情報保護と守秘義務が担保された専門職協働としての営みであることは重ねて留意したい。

ところで、コンサルテーションにはどのような形式があるだろう。一般的にコンサルテーションの中心

に置かれるのは、具体的な個別の事例について相談・助言を求めるケース・コンサルテーションである。その一番単純な形式は、一人のコンサルティが他方のコンサルタントに相談し助言を得る「ケース・コンサルティング（個別事例／症例相談）」だろう。だが、実際には、ケース・コンサルテーションは、他職種やその検討から学ぼうとする、ないしは検討に寄与しようとする者たちが同席・参加しておこなう「ケース・カンファレンス（事例／症例検討会）」のスタイルであることがきわめて多い。あるいは、コンサルティが事例の検討プロセスにコンサルタントを招き入れ、そのプロセスを研究として発展させ文書化（論文／報告書にまとめる）に至れば、それは協働的な「ケース・スタディ（事例／症例研究）」という成果にもつながるかもしれない。

　さらにコンサルテーションは、チームや組織の課題対応やマネジメントについて予防的な観点も含め相談し助言を得たいというニーズにも対応する。このようなチーム・コンサルテーションについても、「コンサルティング」「カンファレンス」「スタディ」の三つの想定が可能である。

　ナラティヴ・コンサルテーションにおいても、その形式は「コンサルティング」「カンファレンス」「スタディ」という局面をイメージできる。だが、他領域／外部の専門性を有するコンサルタントから新しい情報・知識・技術の提供を受けることや、その助言・指導をもって一義的な解決策に収斂的に向かおうとする通常のコンサルテーションに対し、ナラティヴ・コンサルテーションは、むしろ事例や状況を押しひろげるなかで、コンサルティが自ら複数の視点の存在を感知し、そこにあるものの重層性を経験しつつ、その中から暫定的に妥当なものを選び実践に向かうことを助けるプロセスとしてこれらの形式を活用する。そうしたコンサルテーションは、指導監督という厳密な意味でのスーパービジョンとは異なるものの、支援者そのものを守り、育み、鍛える時間ともなっていくかもしれない。

　では、こうしたナラティヴ・コンサルテーションを具体的に展開していく上で、その構想を支える枠組みや素材となるものは何だろうか。わたしたちは、ここに不可欠なものとしてリフレクティング・プロセスを理解し、それに重ねるべき作業としてなかでも書くことを重視したいと考えている。ここでは、まずリフレクティング・プロセスについて確認しておこう。

1・3　リフレクティング・プロセスと共鳴

ナラティヴ・コンサルテーションの核心は、事例をひらくことへの志向にあるが、それを具体的に実践しようとする際、リフレクティング・プロセスは、前提とも基盤ともなるアイデアである。

リフレクティング・プロセスとは、トム・アンデルセンらが一九八五年に試みたリフレクティング・チームを出発点としつつ、その後多様に検討と実践が進められた会話のあり方や状況をさしている。リフレクティング・プロセスについては、アンデルセン自身の背後にある考え方も変化し、定型はなく応用範囲も広いことが強調されてきた（Andersen, 1987, 1991, 1992, 2007, Anderson & Jensen, 2007）。とはいえ、「このプロセスは、『聞き手』となることによって起こる自分の『内面』との対話と、『話し手』となることによって起こる『外側』にいる他者との対話との二つに分けられ、その間の行き来を意味する」（Andersen, 1992／邦訳七八頁）ものであり、「外的会話 outer talk」＝話すことと「内的会話 inner talk」＝聞くことの往還にその特徴があると理解してよいだろう。リフレクティング・トークを、「はじめの会話」、「リフレクトする会話」、そして「リフレクトする会話への応答」の三つのパートからなるものとして押さえるのも、わかりやすいシンプルなイメージである（Andersen, 2007）。

話すことと聞くことを明確に分けてやりとりを運ぶリフレクティング・プロセスは、変化を呼び込み、出来事や経験を押しひろげて新しいものにしていく力をもっている。それが起こる理由をアンデルセンは、ベイトソンの「差異を生み出す差異」に導かれて理解しようとする。変化のためには、会話のなかに大きすぎず小さすぎもしない適度な差異が持ち込まれること、つまり「いつもと違っていても違いすぎない何かを提供すること」（Andersen, 1991／邦訳三八頁）が重要になる。彼にとっては、会話と会話の行き交いに自然と訪れる「間 pause」と、そこでなされた会話とその過程についての十分な「再考 after thought」が適度な差異を導く源泉であり、リフレクティング・プロセスの焦点でもあった。

何らかの変化を求めてクライエントや家族が参加するセラピーのような状況において、「はじめの会話」に臨む人々たちが周辺化されることなく会話が居心地よく続く状況をつくろうとアンデルセンは専心する。人々によって実際に語られたことや使われたことばから決して離れず、批判や否定を退け、リフレクトするもの同士が向かい合い「はじめの会話」の話し手には目を向けないというリフレクティングのルールは、話し手を中心におきつつ、会話から離れることも含めて安全性と自由を保障しようとするものである。人々の中心化を維持するために、リフレクションはコメントより質問が望ましいことも、アンデルセンは繰り返し語ってきた。

一方、ナラティヴ・セラピーにおいてマイケル・ホワイトが取り組んだ「アウトサイダーウィットネス」による定義的祝祭（White, 1995, 1997, 2007）は、リフレクティング・チームに刺激を受け、内的会話と外的会話の分離と交錯という枠組みを共有しつつも、聴衆となった人々による「認証 acknowledgment」に力点を置いた実践バージョンだと考えられる。従属化されたストーリーの掘り起こしと復権を志向するナラティヴ・セラピーにおいて認証の果たす役割の大きさは、コンサルテーションという文脈にもそのまま当てはまる。ナラティヴ・コンサルテーションは、何らかの正解や原則からコンサルティやその支援実践を判定評価し、視点の誤りや能力不足を矯正したり補ったりすることを意図していない。コンサルティはもとより、事例と呼ばれる当の状況の中で生きる人々もまた多様に認証されうること、複数の理解や多重の想起により人々が排除されるのではなく守られる、そのような場としてコンサルテーションが保たれることに関心が向けられているからだ。

定義的祝祭のステップは、アンデルセンが示すリフレクティング・プロセス同様にシンプルである（White, 2007／邦訳一五八頁）。

①定義的祝祭の対象である人による、重要なライフストーリーの語り
②アウトサイダーウィットネスとして迎えられた人々によるストーリーの語り直し
③定義的祝祭の対象である人による、アウトサイダーウィットネスの語り直しについての語り直し

このとき、第二段階のアウトサイダーウィットネスによる語り直しと呼ばれるリフレクション・パートで、キーワードとなるのは「共鳴 resonance」である。ホワイトは上述の語り直しを構造化する質問を次のような四つのカテゴリーで明示する（同書一六二頁）。

①表現に焦点を当てること
②イメージに焦点を当てること。
③個人的な共鳴（personal resonance）
④忘我＝移動（transport）

アンデルセンと同じくホワイトも、語り直しが「認証」されるべき人々のものであることから外れないよう、脱中心化されるべきだと注意を促してきた。だが、アウトサイダーウィットネスの語り直しでは、

話されたことに対して聞き手の側に浮かんだイメージの描写や「自分史のなかのどんな経験に灯りが点され、記憶の中に蘇ったのかを語る」（同書一六二頁）といった個人的共鳴がむしろ推奨される。リフレクトするものが自分の比喩やイメージを持ち込むことをリフレクティング・ポジション側の中心化につながると戒め、自身の経験やストーリーとは距離を保つアンデルセン（Andersen, 2007）とは大きな違いがある。

定義的祝祭における「共鳴」では、ストーリーに響き合うストーリーを重ねることが適度な差異として作用し、「認証」されるべき人々の表現と現実を増幅することへの期待がある。個人的なイメージや共鳴の語りが、アウトサイダーウィットネスの側に中心を移してしまうという懸念に対しては、グループの他のメンバーがもともとの表現を尊重すべく工夫することで脱中心化の責任を担えるはずだとホワイトは指摘する。加えて、定義的祝祭の最後に参加者が一堂に会し、このプロセス自体をふりかえりインタビューし合う脱構築という第四段階を置くことで、脱中心化は一層担保される。質問の意図や応答の背景を開き合い透明化することにより、語り直しが帯びる正統化や権威付けのニュアンスを払拭し、認証されるべき人とその語りが中心に置かれ続けることを、構造において実現しようとするのだ（White 前掲書一六四、一六七頁）。

アンデルセンは、自らを中心化せず適度な差異を呼び込むリフレクションを自然に訪れる「間」とそこでの「再考」に結びつけるが、それが「直観」（Andersen, 1992／邦訳七九頁）的なものであり、「見て、感じ、聞き、そして考えない」（Malinen et al., 2012／邦訳六二頁）場所からなされることにもしばしば言及する。「考えない」という一方で「再考」が言われる矛盾に目を向け、「直観」をこそ検討すべきだと考えるホワイトとは、この点においても対照性がある。

ナラティヴ・コンサルテーションにおけるリフレクティング・プロセスの正解が、手元に今あるわけではない。とはいえ、その場が専門職同士の協働という枠組みと対等性を保つとき、「共鳴」を含めてリフレクションの自由度と幅を広げることは、目指される多声につながるだろう。コンサルテーションに相互研鑽という意味合いも求めてよいのであれば、そこに脱構築のステップを置くことも、コンサルテーションの構造自体を一回り大きな枠組みから捉え直し、それがまた事例に反転し、理解を押しひろげる可能性をもっている。

だがいずれにしても、リフレクティング・プロセスにおいて、オープンさ自体がそのまま利益となるわけではないことはホワイトも繰り返してきた（White, 1995）。語り合う場における力の不均衡や自らの特権的な立場に対する自覚と配慮を欠いたとき、あるいはことば以外の言語への繊細な感受をないがしろにしたとき、そのリフレクティング・プロセスは思い描く見晴らしの良いコンサルテーションとは逆のものを生んでしまう。アンデルセンの禁欲的な姿勢は、おそらく常に心に留めるべき指針となって残る。リフレクティング・プロセスは、閉じて固定化したものとして繰り返す方法論ではなく、わたしたちの模索と実践が連なるのを許す記述として与えられている。

◉註1――――レベッカ・ブラウン『体の贈り物』（一九九四年、邦訳／柴田元幸、二〇〇一年）は、エイズ患者と彼らを担当するケアワーカーたちをめぐる連作短編集である。対人支援職をナラティヴ・メディスンに誘う際の、最良のテキストとなっている。

第2章——書くことと多声化

2・1　書くこと——表現／再提示representationという倫理

浅草行き

その老人ホームでは、低い音がもれるテレビの前が彼の定位置だ。名前を呼んで挨拶しても、表情は変わらない。強引に視界に入り、いつもの話をする。

「寒くなりましたね。今年の葱はどんなかんじですか」

ようやくいぶかしげに、彼は顔をあげる。

この北関東の地で六〇年もの年月、葱を作ってきた人だ。その広大な土地を継ぐ者はなく、それを淡々とそつなく処分して間もないところで、記憶の不調は唐突に誰の目にも明らかになったという。

突然思いついたように、

「畑、見るか？」

と私を誘い、立ち上がる。冬の陽が斜めに差し込む開かない窓に額を押し付けて、

「これ、全部、俺の畑」

と自慢げに言う。見えるのは、覇気のない花壇とミニカーのような職員たちの車が並ぶ駐車場。

「広いですね」

「広いよ。あの山から降りる冷えた風が、葱にはいいんだ」

遥か先には、隣県の山並みが確かに霞む。しばらく並んで眺めていると、揺れる葱坊主が見えるような気がしてくる。

「鳥鍋、行くか？」

私たちは、また移動したようだ。たぶん、ここは浅草だ。フロアをついて歩くと、クリスマス会の案内が貼られた掲示板の影に手招きする。布をたくしあげるように膝のあたりで手を動かす。スカートを引き上げるように、催促しているのだ。働き者だった彼の唯一の楽しみが、演芸場やストリップ小屋巡りのための浅草行きだったことは、以前長女から聞いていた。

「父がでかけると、母は一日不機嫌で。持ち帰るお土産を喜んでいいのか悪いのか、子どもながらに迷ったものでした」と。

止まらない仕草に負けて、

「だめよ。ここでは」

踊り子らしく聞こえるように、少し気取って蓮っ葉に言ってみる。すると彼は胸や尻のポケットのありそうな辺りを探りはじめる。チップを渡そうというのだ。

「そうじゃないの。もう、できないの。年だから」

ふと口をつく。彼の目が、問いかけるように光を増す。

「無理なのよ。もう、引退なの」

言いながら、喉がつまり、少し声が震えた。自分の声が自分に返る。引退。何から。どこから。何が無理なのか。私は、どこにいるのか。どこにいくのか。涙ぐみそうになる。

「大丈夫だ。心配ない。大丈夫だ」

いつの間にかすっかり醒めきった眼差しで、ほとんど慈悲深い声で、彼は私を慰める。葱を育てた、節と皺だらけの手が二の腕にふれる。大丈夫だ、と私は思う。心配ない、少なくとも今は、と。

彼と私は、浅草を彷徨う。私たちは、揺るぎなく、ここにいる。

†

ナラティヴ・コンサルテーションでは、事例や状況を提示し共有するさいに、書くことを基本のスタイルとして推奨したいと考えている。もちろん、対人支援職は日々様々な公式記録や書式——カルテや支援計画書など——を埋め、カンファレンスでは、それらの基礎情報や治療ないし支援経過を簡潔にまとめた書面を示すことを繰り返す。だが、ここでいう書きものとは、そうした機関・組織の公式記録には書かれなかった文章、すなわち、ナラティヴ・メディスンにおいて当初パラレルチャートとしてスタートし、創作的記述 creative writing へと転回していった物語的記述 narrative writing のことをさしている。

書くことを柱の一つとする教育プログラムとしてのナラティヴ・メディスンでは、患者から受け取ったもの、彼らとわたしたちに起こったことの表現／再提示 representation は、配慮をもって接近し、理解することそのものであると次のように強調する。「私たちが書く理由は、臨床で学んだことを他者に向けて表現するためだけではない。その目的の前に（略）、患者に対する臨床的な義務を果たすという目的がある。患者が、そして患者との関係性が実際のところどうであるかをもっとも根本から知ることができるのは、書くことを通じてである」（Charon, 2006／邦訳一九〇頁）。書くことは、患者とのかかわりに責任をもつという倫理性に、直結する営みなのである。

とはいえ、同時に重要なのは、ここでの「根本から知る」ということが、生じた出来事や経験の唯一の意味や一義的な正しい理解へとたどり着くことを意味しないということだろう。むしろ、書くことが届こうとするのは、その出来事や経験の多面性を浮き彫りにしつつ、多様なままに共有する可能性を押し広げる場所である。書くことは、出来事をそのまま写し取ることではない。それは、書かれた何かによって書き手自身も描き直され、意図を超えて何かが生み出されるような、創出的な再 - 提示である。

冒頭パラレルチャート「浅草行き」の「彼」Sさんは、認知症も進行し、普段ほとんどことばを発することもなく、高齢者入居施設で暮らす男性だ。ただ、それまでの生活歴や家族からの情報をたよりに、農作業の話をすると、ふいに言葉がでてくることに周囲は気づくようになった。普段はソファの定位置から動かないSさんだが、何かの拍子に身体が軽くなり、窓から駐車場を見下ろしてそこに畑を幻視し、かつて馴染んだ浅草を辿るように施設内を歩き回る。Sさんのみる光景とその世界に、彼のために、職員たちもわたしも、自分を合わせ付き合っているのだと考えてきた。

ところがあるとき、合わせて演じたつもりの自分のことばで動揺したわたしに、Sさんが気づき、慰めてくれるという出来事が起こった。認知症の人が、こちらの気配や感情に対して鋭敏さをもっている事実や、ふいに「まともになる瞬間」があることは、よく語られる。その証左のようなこの場面を捉えよう、そんな気持ちでこのパラレルチャートは書き始められたのだと思う。

だが、記憶を呼び起こし、ことばを選び、文章にまとめ、読み返すなかで、そこに現れたのは、認知症の人が「まともになる瞬間」の話とは違っていた。少なくとも、それだけではなかった。書くことは、農業を生業とするSさんの充実した人生と失意、そこにいた家族、その合間で光を放つひそかな愉しみ、それらをともに味わい直すことだった。その眼差しや仕草を書き留めていくなかで、彼のおおらかさ、剽軽《ひょうきん》さ、聡明さ、温かさをあらためて知った。そして、何より、彼に合わせてきたはずの時間すべてにおいて、彼もまたこちらに呼応し身を寄せてくれていたという当たり前のことを理解した。老い呆けた人たちといるときに感じる、どこか落ち着かないこころもとなさは、老いに対する自分の不安や回避が貼りついているのだとも思いが及んだ。なんにせよ、そこいるのはどちらも切羽詰まった人間であり、だからこそ、ともにさまようことができたのだ。

自分の知っていることを書いたはずのものには、わたしが知らないことが書かれていた。あるいは、わたしは自分が知っていると知らないことを、書くことによって、知らされた。

書くという行為には、形式があり構成が伴う。人称が選ばれ、時制は自由になり、比喩がイメージを増幅する。そして、ジャンルが生まれ、その文章に固有の声が響く。Sさんとの時間は過去のものである。けれども、その過ぎた時間を再 - 提示しようとしたとき、物語る声は現在形を求めた。書くことは、こうして無数のバージョン提示を可能にする（Ricoeur, 1985）。だが、繰り返すなら、それらはすべてオリジナルをもたない改訂版であり、そのバージョンごとに見える世界が変わることにこそ意味がある。人や出来事、ケースと呼ばれるその状況を、重層性と開放性と非決定性のなかで受け取るために、物語的記述は要請される。

ナラティヴ・メディスンの関心が、パラレルチャートからひろく創作的記述に転じたのは、患者をどう書くにせよ、それはすべからく創作である、というシンプルな理由による。臨床訓練としてのナラティヴ・メディスンでは、臨床者に求められる配慮や鋭敏さを鍛える上で必要なのはテクストに関わる技量そのものであり、もはや患者という素材だけに留まる必要はないという着地点、あるいは医療者が何を書こうと、そこにはつねにすでに患者の影が忍び込むという創作性と省察性の不可分さもかかわっているだろう。とはいえ、医学生が「もっと十分に患者が耐え忍んでいることを理解し、医療における彼ら自身の旅程を明示的に吟味する」(Chron, 2006/邦訳二二四頁)のを目的に始まったパラレルチャートは、ナラティヴ・コンサルテーションという文脈のなかで、事例提示のスタイルとしての存在感を取り戻す。クライエント/患者とわたしの物語を書いてみよう——ナラティヴ・コンサルテーションもまた、ここからはじまる。

2・2 リフレクティング・プロセスのなかで書くこと

ナラティヴ・パースペクティヴの結節点に「ナラティヴの複数性 narrative multiplicity」がある以上、書くことへの関心に一定の拡がりがあるのは不思議ではない。なかでも、書くことが出来事や経験の多様性や拡がりを切り出すことに心を寄せた一人が、家族療法家であり詩人でもあったペギー・ペンである。「参画的テクスト participatory text」をクライエント家族とセラピストがともに織り合うことこそ臨床実践だと考えた彼女は、そのテクストに「新しい声」を招き入れ、より増幅させるために、クライエントや家族に手紙を書くよう勧めた。

ペンが強調するのは、「書くことのために選んだ声は、決して以前には使われたことのないもの」（Penn, 2009, p.19）だという点だ。「書くことは、私たちの認識の速度を緩め、それらを開き、そこに何かをつけ加える。それは、彼らが重ねてきた凝縮された複雑さにスペースをもたらす」（同書 p.25）がゆえに、語るときとは異なる声が自ずと生まれる。書かれたものには、複数の声が交錯することにもペンは注目する。経験し記憶する者の声、書き起こすための声、少なくとも二重の声がそこでは使用される。さらに、バフチンに従うなら、ここにはそれを読む（はずの・かもしれない）者の声もまた必ず伴われている（Бахтин, 1975）。

書くこと自体がもつこうした多声性をペンが意識する背景には、アンデルセンとの深い交流とそこからもたらされたリフレクティング・プロセスへの傾倒もあった（第13章）。書くことは、すでにみたように、複数性に満ちた内的対話である。さらに彼女は、書かれた手紙を家族メンバーやセラピストの前で読み上げるよう依頼し、聴いた者がこれに応答する外的対話を重ねるリフレクティング・プロセスとしてセッションを展開した。このとき、書きもののなかに響く三つの声には、声に出して読み上げる（自身の耳でそれを聴く）人の声が重なり、さらに実際の聴き手からの様々な声が応答として連なっていく。その幾重もの多声化は、そのまま現実の多層と厚みを映し出すものとなる。

相談に訪れる人々の声がしばしば単声化し、閉じた固定的なストーリーのなかで苦悩を深めるのを見取るペンにとって、書くこと自体が含む声の複数性を自覚し、それをさらにリフレクティング・プロセスのなかに配置して拡がりを増していく実践は、必然的なものだったかもしれない。書くこととリフレクティング・プロセスを重ねるこの取り組みをアンデルセンも大いに気に入っていたことは、亡くなる直前、マージョリー・ロバーツを介してペンと三人の間で交わされたEメールのやりとりからもうかがえる（Roberts, 2009b）。リフレクティング・プロセスのなかで書くことを使うとき何が失われるのか、少し挑発的にそう問うロバーツに対し、アンデルセンは対話であれ何であれすべてを捉えることができない以上、失うものを気にかける必要はない、むしろ何かが失われるべきなのだと明快に答える。

すでにみたように、彼がリフレクティング・プロセスの要件として晩年強調したのは、「間」と「再考」であった。ペンはそれを受けつつ、手紙を書き読み上げるという過程には、自分のことばを選び、書きことばを口にし、それがまた聴き手の話しことばによって書き手に戻されるという、豊かな「間」と「再考」が備わると語っている。書くことは、リフレクティング・プロセスに馴染むのはもとより、それ自体をさらに厚くする作業となる。

書くこととリフレクティング・プロセスを結んで多声化を志向したペンの臨床実践が、事例をひらいていくなかで選択肢を見出そうとするナラティヴ・コンサルテーションの相似形となり下敷きともなることは、繰り返すまでもないだろう。クライエント／患者を書くことは、対人支援職を違う場所に運び、新しい風景のなかで再び彼らと出会うことを可能にする。そこに響く多声のなかで、わたしたちは、何が起こり、何がなされたかを厚みのうちに捉え、次に何をなすべきかの選択肢を見渡す。ときにその光源は、次に出会う人たちとの時空にまで明るさを届ける。ナラティヴ・コンサルテーションは、そのような営為であることを志向している。

†

Sさんという人から受け取った、その寒風と、荒涼とした、でも果てしなく豊饒な土地につらなるイメージは、わたしに「蒼ざめた馬」を思い起こさせた。

蒼ざめた馬

萩原朔太郎

冬の曇天の　凍りついた天気の下で
そんなに憂鬱な自然の中で
だまつて道ばたの草を食つてる

みじめな　しょんぼりした　宿命の　因果の　蒼ざめ
た馬の影です
わたしは影の方へうごいて行き
馬の影はわたしを眺めてゐるやうす。

ああはやく動いてそこを去れ
わたしの生涯《らいふ》の映畫膜《すくりん》から
すぐに　すぐに外《づ》りさつてこんな幻像を消してしまへ

私の「意志」を信じたいのだ。馬よ！
因果の　宿命の　定法の　みじめなる
絶望の凍りついた風景の乾板から
蒼ざめた影を逃走しろ。

以来、認知症の人たちとすれ違うとき、蒼ざめた馬がわたしの前を通り過ぎる。

「蒼ざめた影を逃走しろ」

逃走は、闘争にも聞こえ、丸まった背や伏せた眼から、固まった指先からも、その声はくっきりと届き、いつまでも耳に残って消えることがない。

第3章——パラレルチャート再訪

3.1 パラレルチャートとは何か

パラレルチャートは、リタ・シャロンらによって提唱・実践されている医学教育プログラム、ナラティヴ・メディスンNarrative Medicine（Charon, 2006）の一つの手法である。医学部三年生向けの文章作成課題。パラレルチャートは、（いわゆる病院内のカルテがmedical chartであるから）直訳すれば「並行カルテ」である。そこでは、以下のような教示のみが与えられる。

毎日、皆さんは自分の受け持っている患者についてカルテに書き込みます。そこに何を書くべきか、どんな形式で書き込むべきかについて、皆さんは正確に知っているでしょう。患者の主訴、身体診察の結果、検査所見、上級医師の意見、治療計画について書きます。もし前立腺がんで亡くなろうとしているあなたの患者が、昨年の夏にその病気で亡くなったあなたの祖父のことを思い出させるとしても、その患者の病室を訪れるたびに祖父のことを思い出して涙するとしても、それを病院のカルテに書くことはできません。私たちもそうさせないでしょう。それでもそのことは、どこかに書かれる必要があります。それをパラレルチャートに書くのです。

（Charon, 2006／邦訳二二四頁）

授業において数名のグループでパラレルチャートを共有する時間は一時間半であり、文書は各自一頁を超えないことが求められている。コピーは配布されず、指導者は次回、用紙に手書きのコメントを添えて返却し、それぞれの書き手と個人的な対話を始める。そこでの原則は以下の通りである。「テクストを尊重する」「それぞれの書き手の文体に注意して聞く」「聞き手がテクストに応答するように促す」「書かれたものをほめる」

3.2 「カルテに書けないこと」とは何か

シャロンによる指示の肝は二点だ。「カルテに書けないこと」かつ「どこかに書かれる必要があること」。まず前者について考えよう。現在、病院のカルテは通常、「SOAP形式」での記述が求められている。SOAPとは、「Subjective——主観的情報」「Objective——客観的情報」「Assessment——評価」そして「Plan——計画」の頭文字である。Sとは患者の主観的表現だ。気の利いた支援者なら（ここからは医学生に限定せず全ての支援者を想定する）Sのスペースに括弧で自分の質問なり返答なりを適宜挿入して会話仕立てにするが、それは支援者の主観的表現ではない。シャロンの指示にあるように、「私は訪室のたびに、昨年の夏に前立腺がんで亡くなった祖父のことを思い出して悲しく、涙が出ました」と書けないのは自明であり、カルテで禁じられているものは、支援者の主観的表現となる。パラレルチャートの多くが「一人称単数」で書かれることはこれに関連している。

私が読んだパラレルチャートの多くは、がんセンターの病棟で働く看護師が書いたものであるためか、そこには患者への切ない思いが表出されることも多い。故人となった患者への手紙という様式が登場するのもその証だろう。そこには、「再会」を楽しみにする気持ちだったり、立派な看護師になる決意だったりが添えられる。もちろん、このような情動を動かす体験はポジティブなものだけではない。いつ思い出しても腑の煮え返るほどに苦しい恨みつらみもないことはない。これらは「カルテに書けないこと」である。

一方、ただシンプルに、「いい話」だから残すというやり方もある。それは人情ものめいた話になったりもするが、もう少し心理療法的に考えるならば、Rescuing the said from the saying ということになろうか。今、ここで自分が書き残さなければ、患者のその言葉は完全に消えてしまうという思いである。マイケル・ホワイトの遺稿集『ナラティヴ・プラクティス』におけるデイヴィッド・デンボロウの言葉が印象的だ。

マイケルは、「それを言うことから言われたことを救出すること」の重要性について、クリフォード・ギアーツを引用するのが好きだった。話し言葉は、はかない。長持ちしないのだ。だから、人が自らの人生についてやっと手に入れた知識を言葉にする時、セラピストの役割は、話されたことと、話されたことの意味を「救出」し、それを人々が将来において吟味し、人生において使い続けることができるように文書にすることなのである。この過程には、さもなくば気づかれずに素通りされた言葉の「命」を賞賛することとそれを拡張することの両方がからんでいる。この過程がいかにして進展していくのか、そこには、すべてのステップにおける倫理的配慮がからんでいる。

（Denborought, 2011／邦訳 xi 頁）

これもまた「カルテに書けないこと」であろう。

3.3 「どこかに書かれる必要があること」とは何か

これを説明することは実はなかなか難しい。なぜなら、最終的にどのようなものが書き上げられるのか、書き始める時には自分でもわからないものであり、またそのようなものを書くのが良いとされているからだ。つまり、パラレルチャートを書くことは、何らかの自分の考えを上手に表明することではなく、自身の考えを文章にする中で掘り下げていくことである。これはいくつかパラレルチャートを書く中で、そして百人を超える人たちが書いたものを読み、その執筆過程について訊ねる中で、私が実感したことでもある。よって、何を書くべきかと問われれば、臨床場面で書いてみたいという衝動に駆られたもの、ということになる。そして、それを推敲していく中で、自分がなぜこの患者について書こうとしたのかがわかり、何をここで問題としているのかがわかる。

パラレルチャートを書くとき、人はどのようにして症例を選ぶのか。症例選択は、症例検討にどの症例を提示するのかという選択に近いが、例えば、第9章でその流れを示す「あたかも症例検討会」では、インタビュアーは「なぜあなたはこの状況を選んだのですか」と問いかけ、それは、ありがちなことか否か、特別な臨床上のジレンマか治療の行き詰まりなのかといったことが順に明らかにされていく。「あたかも」では、その最初の動機からどこまで行けるかが検討されるのである。

パラレルチャートには何が書かれるのか。これがトレーニングという文脈にある以上、話は当然、何かしら自らの臨床行為を修正する方向にまとまりやすい。パラレルチャートの指示に盛り込まれている祖父の死を想起して涙するという体験では、似たような死による悲しみによってなにがしかのことが盲点になりやすいことを自覚し、それを克服するための内省が求められる。ただし、書かれる主たる内容は、あくまでも病院の中での出来事である。そこには「支援者としての自分」という枠組みがあるからである。逆に言えば、患者との関わりについて書かなければ、書き手は支援者としてそこに立ち現れることはできない。パラレルチャートは慣例的な症例報告とは異なり、患者の主訴、現病歴、既往歴、家族歴、治療経過などがそのままカルテから引用されて書かれるわけではない。問題が問題ではなく、問題の扱いこそが問題となる。パラレルチャートを書く際カルテは見ないので、それはどこか寓話に近づき、普遍化される。逆説的リアリズムとでも言うものが、ここでは求められる。

3.4 書きながら発見する

「書く」ということについて改めて考えてみたことはあるだろうか。私自身、カルテ記録や通常の症例報告以外に、ナラティヴ・セラピーの手紙療法やディグニティセラピー[註1]における生成継承性文書など、多くの文書作成をしてきたものの、書くこと自体について深く考えたことはなかった。もちろんオートエスノグラフィ(第5章参照)などフィールドワーク報告の新しい様式に興味はあったものの、自分に引き付けた形で考えたのは、やはりカウンセラーで質的研究者ジョナサン・ワイアットの『セラピー、スタンダップ、そして書くことの仕草』(Wyatt, 2018) を読んだときである。彼は、社会学者でオートエスノグラファーのローレル・リチャードソンが、デンジンとリンカン編の大著『質的研究ハンドブック』に寄せた「書く——ひとつの探究方法」(Richardson, 1996) をその出発点としていた。彼女の仕事にインスピレーションを得た多くの質的研究者同様、ワイアットもその鮮烈な記憶を書き残している。

ある晩、学会の懇親会で私は友人とテーブルを囲んでいた。ローレル・リチャードソンが近づいてきて、私たちの会話に加わり、その後、私がワークショップで朗読しなかった文章を読んでほしいと言った。私はそれに従い、彼女はそれに耳を傾けた。他の人たちも同じようにした(他にどんな選択肢があったろう)。そして、会話は続いた。ある意味、それだけだった。評価する議論も、褒めることも、批評することもなく、ただ聴くだけ。しかし、ストーリーは他者とのコラボレイティヴ・ライティングの中に活力の素を見出した。そして私はこの情景の中に活力の素を見出した。私の書いたものに耳を傾けるローレル。それは何でもないことだったが、それがすべてだった。(Wyatt, 2018, p.9)

その領域の先導者と直に会って親密さを感じることは私自身もリタ・シャロンとの間で経験していた(小森、二〇一五年/一二九 - 一三〇頁)ので、なおさらに興味をそそった。リチャードソンの論考は教育的配慮に満ちていて、「創作的かつ分析的な書き方の練習」が二一も紹介されている。ここでは、これから本書で紹介するパラレルチャートを書く中で私が発見した事柄を先取りしておこう。

第6章の「うなぎのおんがえし」(六六頁)は、セルフリフレクティングの実践であるから、いかにパラレルチャートを発展させるかのわかりやすい実例である。利用しているのは、マイケル・ホワイトの「アウトサイダーウィットネス」における留意点であるが、いわゆるポエジーの伝達への気づきにつながっている。

第7章「死んだこともないくせに」（七六頁）のパラレルチャート自体は、「平凡なケース」が「非凡なケース」に変わる経緯を記述したものであるが、安達さんのリフレクションにより、そのターニングポイントがせん妄下での会話にあると認識され、考察はせん妄へと飛躍する。この章全体をパラレルチャートと見るならば、リフレクションとは他者による推敲ヒントだと知れる。

一方、第8章「広島献神」（九〇頁）のパラレルチャートは夢の記録であるから、その時点ではまだ書かれていなかったパラレルチャートに対する（もちろん自分の）夢（無意識）からの推敲ヒントとも考えることができる。そして、そこに二人のリフレクションが追加されるため、心理社会文化的な省察はさらに深みを増すことになる。

最後にもう一つ、書くことによる発見の例を上げておきたい。本書の目次が揃った時のことである。私は、自分の書いたパラレルチャートのタイトルが並んだところを見てなんとも言いようのない違和感を抱いた。そして、それが何なのか、うまく言葉に表現することができなかった。しかし、ワイアットの上掲書の文献一覧を眺めていたときに、ジャック・デリダに追悼文集があると知ってさっそく読んでみたところ、先の違和感はすぐに了解された。デリダはもともと米国で編集刊行されたその文集が母国でも刊行されることに抵抗を示したのだという。「私にとって、こうした文集が提示すると思われる残存者の立場は『私の』言葉のなかに留まり続けると思いますが、それとはまったく別に、そうした言葉は私にとっては依然として耐え難いものであり続けているのです。不謹慎、さらには、猥らなままであり続けているのです」（Derrida, 2003／邦訳 xii 頁）。私も同じ感覚だったのだと思う。いつの頃からか、がん患者さんを担当する際、自分よりも相手が先に逝くことを想定するようになった。つまり、死の先取り、デリダの言う「友愛」関係に入る。[註1] だからこそ、私のパラレルチャートは追悼文と変わりがない。それ故の違和感であると。

とどのつまり、なぜこのことを今、自分はパラレルチャートに書くのか、という問いが、書いている間に絶えず問われ続けなければならないのであろう。デリダがミシェル・フーコーの仕事を描写した、「未決定の状態のまま保持されている問い、その著作それ自体を息もつかせぬ状態に、つまり生ある状態においている問い」(Derrida, 2003／邦訳二〇五頁)なのだと思う。

3・5 「パラレル」とは何と何が並行しているのか

リタ・シャロンによると、支援者の情動的な健康がパラレルチャートの主なゴールではない。支援者がもっと十分に、患者が耐え忍んでいることを理解し、医療における彼ら自身の旅程を明示的に吟味することができるようになることがゴールである。この省察的記述は医師のメンタルヘルスのためではなく、ただの日記でもない、臨床訓練の一部であるという。記述は、特定の患者に向けられる。医師は自分自身が、患者のケアにおいてどれほど中心に位置づけられ、どれほどストレスに曝されることになるかを知ることになる。

このあたりの問題意識を考えるのに適切だと思われる出来事をシャロン自身も記している。一九八二年、全国人文科学基金の「文学と臨床的想像」というセミナーでの体験である。そこでシャロンたちは、臨床実践について、通常の散文形式の物語を書くよう促された。彼女は、突然やってきて自分の障害を証明する書類にサインしてほしいと頼んだ若い女性に対して、腕に抱えた書類の山を下に置きもせずに、すばやく診断を書きなぐって、書類に署名したエピソードを取り上げた。その女性ラズは、何度か頭痛で受診し、それに対しアセトアミノフェンを処方したことがあるだけの患者だった。彼女は、その患者がファッションモデルになる夢を実現するまでのあいだ、障害保険金を必要としているのだと想像して書いた。そのセミナーの後、ラズに会った時、事実が判明する。彼女は五人姉妹の長女で一二歳のときから父と叔父から性的虐待を受けていたので、妹たちを同じ状況から救うべく二一歳になったのを期に、マンハッタンに出てきたのだった。ここでシャロンは臨床的想像の威力を自覚する。「この物語的行為は、私が患者にもっと近づくのに役立った。書くことを実習したことで、彼女を非難したり仮病を装っていると思ったりすることにではなく、彼女の本当の苦境を知ることに投げ込まれたのである。私は、自分のストーリーを語る必要に迫られて、ラズの観点に立ってラズの置かれた状況を思い描こうと努力した。そのことによって、彼女の側に立ち、彼女の行動を理解しようと努め、彼女の状況を真剣に受け止め、彼女の強引さと要求からすでに私が感じ取っていた、いまだ語られざる知に接近することができ、最終的に患者をケアするのに役立ったのである」(Chron, 2006／邦訳七‐八頁)。端的に言えば、書くことによってしか、患者を知る努力は始まらなかったということだ。換言すれば、「病いの物語を認識し、吸収し、解釈し、それに心動かされて行動する」(同書／邦訳vii頁)ために必要な物語能力の高まりを実感したのである。

こうしてみると、パラレルチャートにおいて並行するのは、患者と支援者である。医学カルテにおいては患者の臨床経過が記され、パラレルチャートでは支援者の物語能力が記録されている。その二つが並行するのは、患者と支援者が相互に依存しているからである。

3・5　パラレルチャートはどこで共有できるのか

あなたがパラレルチャートを書き上げたとしよう。では、次に何をするか。誰かに読んでもらいたいと思うだろう。(その患者に関わった)何人かの同僚の前でそれを朗読してみたいと思うかもしれない。いずれにせよ、あなたは何らかの反応を求めている。しかし、臨床の現場は忙しい。そのような空間が容易に見つかるものではないし、第一、いきなりそのようなものを読み出すのはあまりに唐突であろう。理解のある上司がいれば幸いだが、それはそれほど見込めまい。だからこそ、安全性と守秘義務を担保された専門職協働としてのナラティヴ・コンサルテーションの場が、意図的かつ自覚的にもたれなければならないのかもしれない。

●註1――カナダのマニトバ大学精神科教授ハーヴェイ・チョチノフ博士によって考案された、終末期患者の尊厳を維持することを目的とする精神療法的アプローチ。八つの質問への患者の回答をもとに面接者が文書（生成継承性文書）を作成し、患者・家族と共有する。

●註2――デリダが友愛の概念そのものを再検討したのは『友愛のポリティックス』においてである。その冒頭でデリダは、友愛と兄弟愛の関係を問題とし、さらに兄弟愛に関係づけられてきた政治をも問題にする。その目的は、兄弟愛には回収されることのない友愛の構想にある。アリストテレスによって重要視された友愛における相互性が問題視され、キケロの主題、死者に向けられた友愛に着目する。そこで後者は例外ではなく範例とされる。この「不在への呼びかけ」はエクリチュール（書くこと）と多くを共有し、そこには「反覆可能性」が見出される。となれば、パラレルチャートを書く私、それを読み返す私は、そのたびに生起する「私の中の他者」ということにもなる。

第4章――リフレクティング・プロセス再訪

「――リフレクティング・プロセスのダイナミクスや語用論に関する有益な論考は多いが、良いリフレクションないし不適切なリフレクションを構成するものは何か、そしてそれは何故かを論じたものはほとんどない。私は、素敵なだけのリフレクションと区別される良いリフレクションが何をするのかについて考えるための概念モデルを提示する」。こんな書き出しで始まる論考があったら読まずにいられるだろうか。もちろん、答えはノーだ。リフレクティング・プロセスなる用語を現場で使うものであれば、それ以上に、読まないで済ませてはいけない、となろう。

そんな論客が誰かというと、ケート・ワインガルテンである。著書『母親の声（*The Mother's Voice*）』と『コモン・ショック（*The Common Shock*）』で知られ、家族療法専門誌の代表「ファミリー・プロセス」の常連、ナラティヴ・セラピー寄りのベテランだ。タイトルもズバリ、「リフレクションというアート――奇妙なものを身近なものに変える」(Weingarten, 2016)。マイケル・ホワイトの読者なら、ピエール・ブルデューの「馴れ親しんだものを見知らぬ異国のものにする exoticise the domestic」が副題で反転されているのではないかと興味が湧く。しかも、リフレクティング・チーム／プロセスに書くことを組み込む可能性が探求されているのである。

4・1　書くことによるリフレクション

ワインガルテンによれば、書くことがリフレクションの役割を果たす際、至適タイミングはあるものの、リフレクションに遅すぎることは決してない。リフレクティングがタイミングよく行われず、自己理解が遅々として進まなかった場合でも、(興味深いことに、心の傷を癒す過程とトラウマの物語を上手に書くために必要な過程には大きな重複があるので) 書くことは自分自身のための内的過程を完了させる素晴らしい手段だとされる。その実例が、この論考の末尾に置かれたワインガルテン自身のエピソードである。彼女がクライエントとして許容せざるを得なかった沈黙、つまり不全に終わった治療者のリフレクションを二四年後に自ら書くことによって再開したのである。

二〇一四年、最年長世代に少なくとも一人のホロコースト生存者がいる三世代家族を対象に、綿密なインタビューを収集・分析してきたプロジェクト、「トラウマを超えるプロジェクト Transcending Trauma Project: TTP」が『ナラティヴ・リフレクション』(Raizman and Hollander-Goldfein, 2014) 刊行を記念してカンファレンスを開催した。ワンガルテンはそこで基調講演を頼まれた。その本は、六人のセラピストがホロコースト家族の記録にリフレクティングしたものだが、講演準備中に彼女は、このプロジェクトの素材に似た自分の過去の象徴的イメージを想起する。以下に、彼女の一人称そのままに引用しよう。

一九八九年、私は一年続いたがんの初期治療を終えました。今ならトラウマ反応だとわかる症状が出ましたが、当時、トラウマの専門家である私も、同僚も、相談した多くの精神科医も、それを正しく認識できませんでした。私は強迫行為に苦しんでいたのです。自分の時計を見て、自分に言い聞かせる。「あなたは死ぬことをもう（時計が何時であれ）九〇秒も考えていないわよ、三分も、一一分も」。私はやるべきことはやっていました。有能な母親であり、教師であり、セラピストであり、妻であり、友人でもありました。しかし、その行動は止めることができなかったのです。最終的に、信頼し始めた精神科医の治療を受けることにしました。何度かの面接後、私は、自分が恥じているため誰にも共有できなかったイメージを彼女に明かしました。私は、バビ・ヤールの落とし穴の淵にいるような気がすると言ったのです。

バビ・ヤールはウクライナのキエフ近郊にある渓谷で、第二次世界大戦中にナチスによるユダヤ人の大量殺戮が何度も行われた場所です。「なぜそんな気がするのだと思う？」と彼女が訊ねたので、私は「わからない」と答えました。私たちは数分間黙って座っていましたが、彼女の不快感と自分の不快感がわかったので、私は次に進みました。彼女はそれ以上何も訊かなかったし、私もそのイメージが自分に与えた影響について何も話しませんでした。二人には隙間ができました。そのイメージや沈黙について話すことは二度となかったのです。

二四年後に書斎で、私はそのイメージの意味を理解するまでの道のりを書き留めました。そのイメージは、私の強迫観念／行為への鍵、最初のがん体験トラウマへの鍵、そしてそこからの癒しへの鍵を握っていたのです。そのイメージを解きほぐすこと、それについて書くことが、癒しにつながりました。統合が大切だったのです。それによって、私は共有することができました。

仮に治療者が「もっと話してください。そこであなたは何を見、何を聞くのですか。その次に何が起こるのでしょう」とさえ訊いてくれていたなら、私は絶望的な葛藤があることを彼女に話せたでしょう。それは、（その日に撃たれた人々の何人かが死んだことを知っている以上）自分は撃たれたにもかかわらず日暮れには穴から這い出した生存者の一人でありたいと思うことと、自分も穴の中で死んだその他大勢と同じでなければならないと信じることとの間の葛藤です。よって、そのイメージが、私には全く受け入れられない感情を隠すために、「真実の」サバイバー・ギルトのイメージに取って代わったのだと理解したことでしょう。

放射線治療では、同じ時間帯に八人が割り振られ、正方形のガラステーブルの一辺に二人ずつの指定席を用意されました。三五回の放射線照射が終わったときには、がん種は様々でも、生き残りはわずか三人でした。仲間の死に深い悲しみを抱きましたが、生き残った喜びもありました。がん体験、多くの手術、化学療法というトラウマ状況の中で、この喜びは私の善意の境界線を越えていました。自分が、他の人が亡くなったことを知る同じ瞬間に喜びを感じることができる人間であることは、受け入れることができませんでした。代わりに、私は腕時計を見て、「あなたが死ぬことについて考えてから、（例えば）五分」という儀式の中に自分の葛藤凝縮版を落とし込んだのです。自分で症状を作り出したわけです。

話を聴く文脈が受容的であれば、声は出たでしょう。物語も生まれたでしょう。物語は沈黙の解毒剤です。ここに私が書いたことをすべて彼女に話せたなら、私は、二つの感情が共存していたこと、二つの感情の間に対立はなかったこと、そして自分が生きていたいと願っても、他の人の死を悼む気持ちに変わりはないことを学んでいたでしょう。自分が人非人ではなく、間違いなく人間的であったと知ることで、私は自分自身を許すことができたでしょう。

なぜ治療者はそのイメージに興味がなかったのでしょう。何が彼女を混乱させたのでしょう。なぜ彼女は私への思いやりある証人になり損ねたのでしょう。私にはわかりませんが、推測は可能です。彼女の夫の両親は有名な精神分析家で、一九三八年にナチスドイツから逃れてきました。彼女は、私の面接を始めた頃にがんと診断され、その一八か月後に亡くなりました。立派なトレーニングを受けた彼女も実際、治療どころではなかったのです。自覚と力を与えられた証人であり続ける代わりに、彼女は無自覚ながら力を与えられた危険な「立場２」（4・3参照）に移っていました。彼女は私のセルフリフレクションとリフレキシヴィティ[註1]を効果的に封印したのです。

そうこうするうちに、豊かな統合的対話を得られなかったために私自身の一部が分裂しました。そして私は、二つの理由によって恥を感じたのです。一つは、他の人が生きていないことを知っていながら、自分が助かったことを喜んでいたこと、もう一つは、自分のがん体験とバビ・ヤールの恐ろしい状況を比較したことです。これらの恥の原因はどちらも解明されませんでした。私たちは、私がそのイメージを作ったことと、大規模な政治的出来事（「外の世界」）と個人的出来事（「内の世界」）を関連付ける私の能力との間に関連性を見つけることができませんでした。私は、そのイメージが自分は何者かを考える上で重要だと考えるのではなく、自分が悪い人間である証拠だと誤解したため、イメージから自分自身を切り離してしまったのです。その時にこの作業が行われていたなら、イメージの見かけの奇妙さが実はいかに自分らしく、いかに身近なものであったかを理解していたでしょう。

（Weingarten, 2016, pp.207-208）

以上のように、ワインガルテンは、基調講演の準備中に自身の象徴的イメージを解きほぐし、事実上、自身へのリフレクションを書くことになった。自身の根本的な部分を取り戻す機会を与えてくれたのは、象徴的イメージの解きほぐし、そのストーリーを書くこと、それらによる統合だったとされる。それはまた、トラウマに伴う孤立や恥ずかしさを打ち破ることにもなった。象徴的なイメージを解き明かし、トラウマの記憶を物語に変換するのを助ける良いセラピー、良い文章は、孤立と恥を打ち破るのだと。

後日談。彼女が最終的にババ・ヤールのイメージについて学んだことを夫に話したとき、二人は渋滞した車の中にいたが、夫は右手を伸ばして彼女の手をなでた。今では、ババ・ヤールのイメージを思い浮かべるたびに、夫の手の感触が蘇るという。彼女にとってのイメージとその意味を夫に伝えるのにかかった一〇分が、イメージ全体を完全に変えたことになる。結論として、ワインガルテンはこの一〇分を取り上げる。

これは、良いセラピーで起こることかもしれない。痛みを伴う記憶を話し、それに耳を傾ける一〇分間。良いリフレクション、思いやりのある証人となることで、記憶は再構成されるかもしれない。その後、記憶が再び呼び戻されたとき、優しさと洞察力が存在するかもしれない。もしそうならば、これは私にとって非常に理にかなったことであり、なぜ良いリフレクションと情熱的な証人が重要なのかということの核心にある。それは、人々が私たちに彼らの最も脆弱な自分自身をさらけ出したとき、なぜその瞬間は、ほとんどの場合神聖な感じがするのかを説明する。痛みが生々しく存在している瞬間には、親密な接続も存在し、その新鮮な経験が永遠に変更される記憶が生まれるのだろう。こうなるとき、つまり信頼、愛ある優しさ、そして知恵が人と人との間の空間に存在しているとき、その一時的な一〇分間、リフレクションというアートが生まれる。奇妙なものが身近なものになり、統合と癒しが起こる。統合と癒しによって、私たちは、そうであることを受け入れることができる。そして、私たちはセラピーの約束、関係性の約束を果たすのである。

（同 pp.208-209）

4・2　良いリフレクションとは

ワインガルテンによれば、リフレクションは説明や解釈や問題解決ではなく、明確化や確認はリフレクションの準備ではあってもそれ自体ではない。そして、彼女の考える良いリフレクションとは、「ラディカル・リスニング」（Weingarten, 1995）に基づくもので、相手を歓迎することである。批判や偏見を持たずに話を聴き、あることだけでなくないことも聞き、うまく言葉が出てこないときには待ち、話し手が中心を外れ「真性に」話ができないときはそれを見極める。四つ目のポイント、「真性に」話ができないとは、紋切り型の発言に見られるような言説に歪められた場合のことであり、それを聴き取り、その制約から解放する脱構築が特徴的だ。

実際の会話場面では、話し手が何かを言い、それを聞き手が聞いて何かを言い（沈黙も含め）、それを話し手が聞いて再び何かを言うということが繰り返される。そこでのリフレクションはまず、話し手が言ったことと、話し手が伝えたいと聞き手が直感したこととの間の動きを指す。多くの場合、話し手はその会話において何かを伝えるべきという重荷を背負っている。よって、話し手の自覚の程度は様々であっても、聞き手の仕事は、その重荷の正確な性質を、まさに同じ瞬間に一緒に学ぶことができるような条件を整えることである。それが良いリフレクションであり、そこでこそ意味を共に作り出す親密さが生まれることになる。そしてこう続ける。「ラディカル・リスニングを土台に、リフレクションとその心の伴侶であるリフレキシヴィティの間のダンスが展開される。（中略）困ってやって来た人にとってセラピーが奇妙なものを身近なものに変えるのに対して、セラピストにとってはその逆が真なり。私たちの仕事は、身近なものを奇妙なものに変えるためにリフレキシヴィティを使うことである」（Weingarten, 2016, p.199）。上述の会話場面は、話し手の発言に始まり、聞き手のリフレキシヴィティとリフレクション、話し手のリフレキシヴィティとリフレクションという一応の流れはあるものの、それらは同時に起こる複雑なものであり、まさにダンスなのである。

4.3　食い違うリフレクション

またワインガルテンは、リフレクションがうまくいかないときについて、あるトークショーでのやり取りを紹介している（同 p.202）。

二〇一四年四月、ルワンダ大虐殺から二〇年を経た特集番組だ。そこでホストのブルック・グラッドストーンは、二〇〇二年に自らが行ったニック・ヒューズとのインタビューを再放送した。ヒューズは、ルワンダ虐殺について最初の長編映画を製作した監督である。映画にはルワンダ人のために何もしない人物が多く登場するが、そこで監督自身もその一人だったと告白する。グラッドストーンは探りを入れる。「――あなた自身は、現地にいたとき、ナタを持った男が命乞いする女性と娘を殴っている姿をビデオに撮り、それが一九九四年に世界中で放映されました。それを何でもないことだったと思いますか」。ヒューズはこう返す。「まあ、それは非常に、非常に小さなことだった。つまり、私は誰も救っていない。カメラを置くことも子どもたちを救うこともせず、誰も助けなかった」。次に彼女は、なぜ彼が映画を「完全な絶望」で終わらせたのかを尋ねる。

ヒューズ　虐殺に肯定的なものは何もありません。希望の光を投げかけることはできません。虐殺はあらゆる面で否定的です。すべてが暗く邪悪なものです。そして、人々が被る苦しみは想像を絶するものです。しかし、世界中の視聴者に、理解と共感があれば、そしてルワンダ人は人間であるという信念があれば、それが、それこそが大きな一歩になりますし、私は自分を許す方法を少しでも見つけられましたか。

グラッドストーン　ニック、自分が作りたいと思っていた映画を作り終えた今、自分を許す方法を少しでも見つけられましたか。

ヒューズ　そうですね……許すのとは違うというか。

グラッドストーン　私が言いたいのは――

ヒューズ　ええ。

グラッドストーン　――あなたが巨大な重荷と自責の念とともに帰ってきたのは明らかです。あなたも、ルワンダのその他の西側コミュニティもそれを果たせず、あなたはこの映画を作りました。それで私の質問は、もうこれでひと区切りつけられるのではないかということです。

ヒューズ　あの作品は――映画は私にルワンダについて語る機会を与えました。しかし、あそこに戻って、道端に停車して、民兵組織に殺されそうな子どもを抱きかかえて安全な国に連れ出す機会はありません。その機会は誰も得られません。こういったことが二度と起きないように何かを発言することも誰にもできません。だから、肯定的に感じる何かも贖罪される何かもないのです。虐殺は贖罪の対極です。贖罪はありません。もう後戻りはできないのです。彼らは死んでいるし、また同じことが起きます。

グラッドストーン　ニック、お話しできてよかったです。

ヒューズ　どういたしまして。

そして二〇一四年の再放送の締めくくりに、グラッドストーンはこう言う。「ニック・ヒューズは『ルワンダ虐殺の一〇〇日』の監督であり共同プロデューサーです。私は二〇〇二年に彼と話をしました」ワインガルテンは、グラッドストーンの二つの質問、「ニック、自分が作りたいと思っていた映画を作り終えた今、自分を許す方法を少しでも見つけられましたか」、それに続く「もうこれでひと区切りつけられるのではないですか」によって、彼女がヒューズに全く同調できていないことがわかるという。彼は自分自身を許すことはないし、許したいとは思っていない。ワインガルテンは、グラッドストーンがヒューズに質問を訂正された後に、彼女に放送で例えば以下のように言ってほしかったと書く。「ありがとうございます。自責の念を自覚し、ルワンダで起こったことを人々に理解してもらうために献身するあなたの姿は感動的です。それは、過去の失敗の痛みを利用して現在の前向きな行動を維持することができることを示しています。ありがとうございます」。ワインガルテンによれば、リフレクションではどちらが言ったことも承認し、聴衆との架け橋となり、自分たちが今聞いたことに耐える概念が提供されなければならない。それが、私たちを圧倒的な出来事の受動的な目撃者から、私たち自身の人生の潜在的な行為者へと向かわせる。私たちは何であれ痛みに対処することで、誠実さを携えて前に進むことができるのである。

ワインガルテンは、上記のような自覚と力の問題と絡めて「ウィットネス・モデル」を提唱している（図1／Weingarten, 2010）。人々が何かに反応する際に、その人に自覚があるか否か、それに対して力を行使できるか否かで四象限のモデルを示し、まず当人がそれを自覚すると

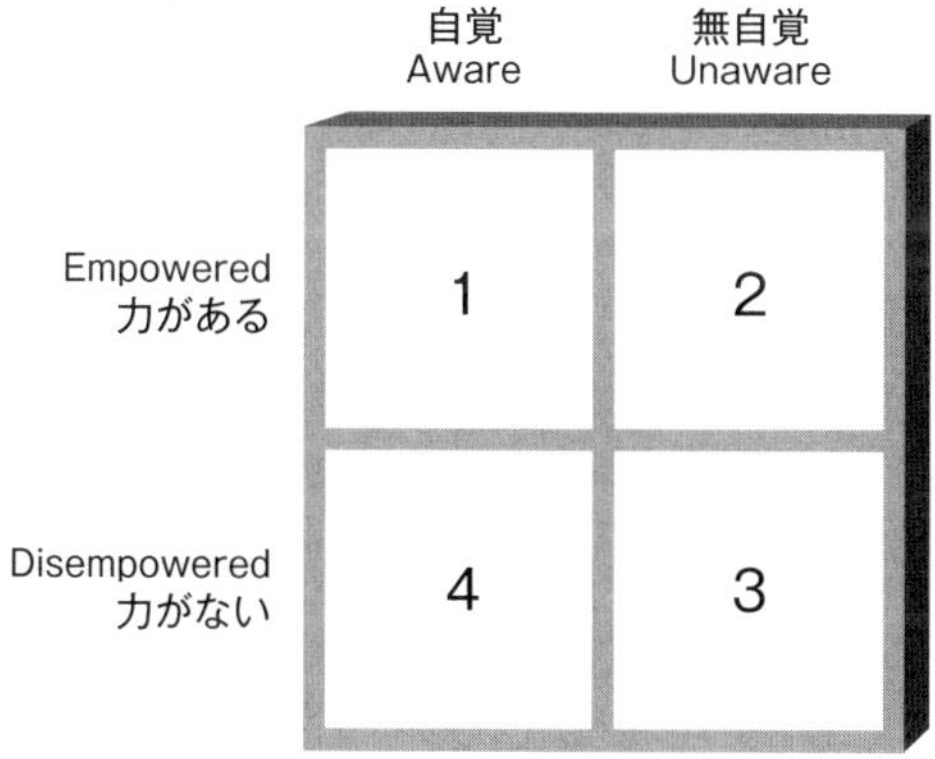

図１　ワインガルテンのウィットネスモデル
（Weingarten, 2010）

ころから始めなければならないという。横軸に自覚の有無、縦軸に力の有無をとって、左上から時計回りに立場が示される。立場1は暴力や違反を目撃していてそれに対応する力を与えられている。立場2はそれらを目撃していないものの力はある。立場3は目撃しておらず力もない。立場4は目撃しているが力がない場合で、支援者に最も一般的な立場でありバーンアウトに繋がりやすい。良いリフレクティングを行うためには立場1にいる必要があり、立場1に向かう努力が必要だという。

さて、マイケル・ホワイトがセラピストとして話し手のストーリーの中からイメージを抽出し、そこから広がるストーリーを返す中で、「身近なものを奇妙にする」営為を論じたのに対し、ワインガルテンはクライエントとして書くことによって、「奇妙なイメージを身近なものにする」経験を報告した。いずれにせよ、書くことがリフレクションの役割を果たす際、至適タイミングはあるものの、リフレクションに遅すぎることは決してないという彼女の信念は深い。

●註1――TTPはThe Council for Relationshipsにて一九九三年に始まったプロジェクト。ホロコーストのサバイバーの三世代家族が第二次世界大戦後にどのようにその閉ざされた人生を再構成したかを研究する。二〇一四年当時で、二七五の歴史によって六五家族の世代を超えた経験が豊かに記録されていた。TTPはトラウマが個人だけでなく家族に対してどのような衝撃を及ぼしたかを統合的視点で探求している。ダルウイッチ・センターとの関係も深く、TTPはアウトサイダーウィットネスの考え方にも影響され、二〇〇六年には新しく四人のセラピストによってナラティヴ・プロジェクトが始まり、それが二〇一四年の著作『ナラティヴ・リフレクション』となった。

●註2——リフレクション reflection が相手の経験を理解し、より深く知ろうと没頭することであるのに対し、リフレキシヴィティ reflexivity とは、自分の内的反応（価値観、バイアス、反応）について考え、フィルターをかけ、重みをつける自己探索である。本論を原文で読まれる読者のために一言。文中に登場する reflexion は reflexivity と同義であることは著者に確認済みである。

第5章——推敲とオートエスノグラフィー

5・1 「マニュキアの贈り物」

ナラティヴ・メディスンのワークショップのために、わたし自身もパラレルチャートを書いたあるときのことだ。レベッカ・ブラウン『体の贈り物』を読み、そこから喚起・想起されることを書く、という課題がその折も与えられていた。

†

マニュキアの贈り物

学生の実習指導やスタッフのスーパービジョンで通っていたある特別養護老人ホームで知り合うことになったNさんは、国立病院の元看護師長だった。Nさんはその厳しい指導で学生たちにも知られた利用者で、恐るおそるその部屋をのぞいて挨拶をした日のことを今もよく覚えている。

まず飛び込んできたのは、彼女の指に美しく塗られた黒いマニュキアだった。壁もベッド周りも白っぽい空間の中で、その爪は異様な目立ち方をしていた。訪室の許可もそこそこに思わず口をついたのは、「その爪、素敵ですね」ということばだった。すると、Nさんは、あきらめと少しの侮蔑を込め私を凝視した。「そういうつまらないことを、お前も言うのか」という声が聞こえたような気がした。もちろん、Nさんは、無言だったけれども。

その最初の眼差しにめげずに部屋を訪ねることを重ねると、徐々にNさんは私の話し相手になってくれるようになった。「わたしのからだで学びなさい」というのが、下半身に麻痺がある彼女の学生たちに対する口癖だった。戦後まもなくから仕事を続け師長として采配をふるったNさんの経験談は、スリリングで涙あり笑いあり、活劇のように面白いものだった。話し出すと頬が赤らむほどに高揚することもあれば、家族をもたずに看護師一筋の人生に孤独がにじむこともあった。そして、時にこのホームの職員への評価は辛辣をきわめた。Nさんからすれば、「まったくなっていない」ということらしい。

あるとき、そのあまりに鋭利なことばを聞くに耐えず、私は話を逸らそうとしてNさんに足浴を勧めたことがあった。すると、彼女はからだを固くして、最初の日と同じ眼差しで私を見返した。今度は黙ってはいなかった。「わたしは、話がしたいのよ」とNさんは言う。その視線をそらさずに、「ごめんなさい」と私は謝ることができた。

Nさんとの最後の日は唐突にやってきた。入院することを学生から聞かされ急いでホームに出向くと、ちょうどケアタクシーが彼女を迎えにきたところだった。青灰色の毛布に包まれ、車椅子ごと乗り込む彼女の爪は、きれいに色を落とされていた。それから、半年もしないうちにNさんは病院で亡くなったと知った。さらに、数か月ほどたってからだろうか、ホームの職員から私の名前が書かれた白い封筒を渡された。それは、Nさんからの贈り物で、使いかけの黒いマニュキアがぽつんと入っていた。

5・2　推敲というもう一つのリフレクティング・プロセス

Nさんという女性と、亡くなった後に届いた黒いネイルエナメルのことは強烈に心に残っていた。書き始めると、先の文章はするすると運び、一気にできあがった。けれども、書くことで、そして、読み返すなかで、それまでは背景であったものが突如前景になる感覚がうまれた。ファーストネームを告げたことなどないはずなのに、学生か職員かにたずねてくれたのだろうか、封筒にわたしの氏名の四文字がしっかり書かれていたことが重みをもったのだ。もちろん、このことを記憶していたから、書いた。とはいえ、書いてみるまで、わたしはそれを「知らなかった」。

さらに数度読み、眺めるうちに、この文章からは、Nさんとの間にあった緊張感や距離感、ユーモアと近しさ、それらが凝縮したあの空気が、うまく伝わってこないような気もしてきた。最初から書き直すことにして、タイトルも変わった最終稿が次のパラレルチャートである。

名前の贈り物

ぼんやりした色彩の部屋で、丁寧に黒く塗られた指先はひときわ目立つ。「その爪、素敵ですね」と声をかけると、彼女は私をただ凝視した。つまらないことを言ったと、一瞬で悔やんだ。「私のからだで学びなさい」が口癖のもうすぐ八〇になろうという彼女は、もと看護師だ。動かない下半身と衰えない舌鋒で、私の学生たちを躾ける。彼女の話は尽きず、おもしろい。その武勇伝、達成、孤独。もちろん彼女は辛辣だ。この施設の職員たちの為すことを、一向に気に入る様子がない。そのつい熱くなりすぎる口調を、たまりかねて私はさえぎる。「足浴でもしましょうか」。すると彼女はあの日と同じ眼で私を見る。でも今日は黙ってはいない。「話がしたいのよ」。「ごめんなさい」と目を逸らさずに言うことが、今度は私もできる。

入院することになった日に出向くと、彼女はすでに車イスの上でブルーグレイの毛布にくるまれていた。アームレストに投げ出された手は、見事に脱色されていた。

病院で亡くなったと聞いてからさらに数か月たった頃、施設の職員から使い残しの黒いネイルエナメルが届いた。彼女に何を伝えるべきだったのか考えあぐねていた私は、自分のファーストネームを一度も彼女に伝えなかったことに、ようやくこの日気がつく。封筒らしき包みの表には、私の姓と名の四文字が、どこか頼りなく、しかし乱れのない正確な漢字で記されていた。

†

Nさんと向かい合うとき、その一人の人間に敬意を払いたいと努める気持ちがわたしにはあった。だが、この名前をめぐる出来事の発見によって、それ以上に彼女もまた、他ならぬ一人としてわたしに対してくれていたこと、あの緊密な空気はそれゆえに生じたことを、書く作業によって教えられた。その彼女の姿、そこに存在した、距離と親密さが併存する場を表現しようと書き直すとき、「Nさん」という中途半端な呼称は省かれ、時制はところどころ現在形になり、いくつかの単語も取捨選択された。推敲後のパラレルチャートは、切り詰めた分だけ情報量は減り、どんな事実があったのかを知るという視点からすれば、不備な文章かもしれない。だが、あの時間を表現／再提示するという意味において、選択し人々の前で読み上げたくなったのはこちらのバージョンだった。

こうした推敲のプロセスは、内的対話を重ねて書き上げたものを、いったん「間」をおいて自分の外に置き、読者という他者の眼をもって読み返す外的会話に投げ入れ、「再考」の上差し戻すという意味で、いわばもう一つのリフレクティング・プロセスと呼びうるものになる。それを、よく言われるように「自己省察 self reflection」と呼ぶのも間違いではないだろう。ただ、省察する主体としての「自己」を前提にせず、そのプロセスの中で都度立ち上がるものがすべてなのだと考えるとき、ここではそれを厳密に、アンデルセンのいうリフレクティング・プロセスとして示しておくべきなのだという気がしている。そして、そうであるなら、文学における推敲とパラレルチャートの推敲にさしたる違いはない。掴み捉えるべきものに、よりふさわしいことば、形式、時制、人称、配置、背景といったことを吟味する作業は、文章作法上の修正にとどまらず、人や出来事への眼差しの洗練であり、描くべき世界の輪郭をより明瞭にするための過程にほかならないからだ。

推敲を経てもなお、彼女の爪がなぜ黒く彩られていたのか、贈られた使いかけの小瓶は何を意味するのか、答えは宙に浮いている。そこには、幾重もの読みが可能である。ヴォルフガング・イーザーは、読書行為によって私たちのなかに現れ、その想像力をかきたてていくような隙間のことを「空所」と呼び、そうした「空所」に出会うたびに、これまでの物語経験や文学的知識、想像力によって、自分なりにその隙間を埋めようとする読者のことを「内包された読者」と呼んだ（Iser, 1976）。ナラティヴ・コンサルテーションで求められるのは、人や出来事やケースと呼ばれるものに包まれ巻き込まれつつ、否応なく生まれることした「空所」に臨床者としての経験や知識や想像力で迫ることであり、かつ、迫り切れない無力を保つことかもしれない。推敲後にむしろふえた「空所」は、書き埋まる人生も読み切れる人生もないことを伝える。にもかかわらず、あるいはだからこそ、その空白と欠落は人が生きることの充溢を物語り、わたしたちに謙虚であるよう黙して教える。

このパラレルチャートを読み上げてしばらくしてから、それまで何度も繰ってきた詩集のなかで、あるものが目に留まった。

わたしがもう生きていなかったら　　　　エミリー・ディキンソン

わたしがもう生きていなかったら
駒鳥たちがやって来た時——
やってよね、赤いネクタイの子に、
形見のパン屑を。

深い眠りにおちいって、
わたしがありがとうをいえなくなっても、
分かるわね、いおうとしているんだと
御影石の唇で！

御影石の艶やかな黒は、エナメルに重なりリフレインする。でも、この引用の甘さを気に入らないかもしれない彼女の姿は、もう少し端正で勁《つよ》いことばに照り返されるべきかもしれない。声は、どこまでも変奏され、響きがやむことはない。

暗い歌

左川ちか

咲き揃った新しいカアペットの上を
二匹の驢馬がトロッコを押して行く
静かに　ゆっくりと
奢れる花びらが燃えている道で
シルクの羽は花粉に染まり
彼女の爪先がふれる處は
白い虹がえがかれる。

5.3 オートエスノグラフィーとしてのパラレルチャート

書くことはそのたびごとの創出であり、推敲は現実を切り出す技術のある種の鍛錬である。その作業に終わりはなく、返照される現実とは、なにもクライエント／患者の姿のみを指しているわけでもない。ここにもう一つ、ソーシャルワーカーを目指す学生の書いたパレルチャートを紹介してみたい。

無題

私の心に残ったその人は、私と同じ東北出身の女性Aさん。お会いした時の第一印象は、パワフル。大きな声で挨拶をしてくれ、まるで親しい友人を招き入れるかのように、大きな笑顔で迎えてくれた。その日は雨がふっていたのだが、歩いてきた私たちの靴が濡れないか心配してくれるという、心優しい一面をもちらつかせた。

Aさんについて事前に情報を得ていたのだが、そこには「他者とは深いかかわりをもちたがらない」「自己中心的なパーソナリティ」と書かれており、思い描いていた人物像と目の前にいるAさんはあまりに結びつかなかった。

Aさんを象徴する姿は、「私はみんなをハッピーにしたい」と両手を広げて話す姿。「私はみんなを幸せにしようとやってんだけど、つたわんない、空回りしてるんだ」という姿。周りの人のためを思っていても、自分のことを本当にわかってくれる人なんていないというような、こころの叫びが聞こえてくる気がした。私は、Aさんの心の理解者、支えになりたいと思った。

そんな思いを募らせていると、ケアマネージャーが話に区切りをつけ、帰る素振りを見せ始めた。私は、今だとばかりに「Aさんは東北出身ですよね、私も福島出身なので、Aさんのお話ことば、全部わかりました」と言った。するとAさんは嬉しそうに、わざと方言で話してくれた。すごく嬉しかった。帰ろうとしている私に、何度も「またこう、こう」と、また来てねと方言で行ってくれた。私は、その時はっとした。もう私がここに来ることはないのに、変に期待をさせてしまった、と。Aさんのことを受け入れようとしている人はちゃんといるから、故郷が同じだからということで、心の距離を縮め、少しでも安心感をもってほしいと思ったのだが、そんな軽はずみなことをしてはいけなかったのではないか。それまでの嬉しい感情に、一気に後悔が押し寄せてくるような複雑な気持ちがした。

私は、Aさんとのかかわりをきっかけに、自分のよかれと思ってとる行動が、相手にどのような影響を与えるのかを考え続けている。

この一人の実習生の素朴なパラレルチャートは、Aさんという高齢女性を描きだす。そこにあるのは、専門職が機関用書式に記載した「自己中心的なパーソナリティ」ということばとは別様の姿である。作者が語っているのは「私」の経験だが、受け取った物語が語り返されるなか、鮮明になるのはAさんの輪郭だ。もちろん、Aさんはこの記述において決定されるわけではない。パワフルで、心優しく、空回りしているこの人は誰なのか、それはまだ謎に満ち、その空所ゆえに、この文章にふれた私たちも「考え続けて」いくほかない。

けれども、さらに目を留めたいのは、この短文が切り出すのがAさんの姿にとどまらない、ということである。ここには、求められるクライエントとの距離とそこに気づく「私」という、ソーシャルワーカーの成長過程が記されている。あるいは、地域で暮らす個々の高齢者をカテゴライズして処遇せざるを得ない専門職の多忙や疲弊、福祉システムの問題といった遠景までも浮きあがって見える。書き手は、自分の成長や福祉現場の課題を記そうと意図したわけではおそらくないだろう。だが、それは、書かれているのだ。

パラレルチャートがこのように多相かつ多層なものを映すことに気づくとき、自ずと視界に入ってくるのは、人類学とその近接領域で取り組まれているオートエスノグラフィーである。オートエスノグラフィーとは、自分自身の経験を表現し、それを自己再帰的に辿るという重層化のプロセスにおいて、自己と他者、そしてそれを成り立たせる社会的・文化的文脈を浮かび上がらせ理解しようとする試みである。代表的な推進者キャロライン・エリスの仕事（Ellis, 1995）に顕著であるように、そこでは経験の主観性、なかでも感情が意識的に取り扱われ、表現形態は小説や詩作はもとより、写真や映像など従来のエスノグラフィーを超えて幅広い。高度に個人化されたテクストにおいて、読者もまた個人的な追体験を迫られるような「感情を喚起する表現 evocative representations」であることを経由して、個人を文化や社会と結びつけようとする意図がここにはある。

自分自身という何より濃密な経験を通路に、その文脈を鮮明にすることを使命とするオートエスノグラフィー（Denzin, 2013, Bochner & Ellis, 2016）と、ケア改善を目的に患者と私を物語的記述に起こすパラレルチャートは、一見その出発点に距離があるかにみえる。だが、ケア改善を志向すればこそ医療空間やヘルスケア・システム、さらにはそれを覆う社会全体のありよう、そうした文脈を問う感受性をナラティヴ・メディスンが強調することを考えるとき、両者の境界は限りなく溶ける。そこにともにあるのは、表現／再提示を通して、人が文脈を作り、文脈が人を成り立たせる同時的で循環的なこの世界を、押し拡げつつ見取ろうとする意欲であり、書くことがこれに益することへの共鳴だからだ。

質的研究ないしエスノグラフィーの領域に軸足をおきながら、書くことそれ自体が探求の方法にほかならないと力説したのはローレル・リチャードソンだった。ポストモダンの文脈を再確認しつつ、あらゆる著述は書き写しではなく、産出と分析の同時的進行であり、書くプロセスと書かれた産物は常に深く相互浸透することを彼女も指摘する。科学的叙述においてもしばしばメタファーが埋め込まれ機能している事実を引き合いに出しながら、文学的仕掛けを採用して書くことは、それによってしか届かないものの析出なのだと語られる（Richardson, 1996）。ここにおいて、パラレルチャートにせよオートエスノグラフィーにせよ、それがフィクションなのかノンフィクションなのかを仕訳ける意味も、限りなく薄らいでいくことがわかるだろう。書くプロセスのなかで、わたしたちは人や出来事の奥行きを知らされ、その背後や細部との出会いがかなう。意図や意識を超えた、広く高く見渡せる場所へと書くことによって誘われる——ナラティヴ・コンサルテーションはそのことに心惹かれている。

第6章——イメージの伝達

6・1 「うなぎのおんがえし」

うなぎのおんがえし

主治医からの紹介理由は術前不安であった。初回面接では、ようやく中止できそうだった安定剤が再発を期に増えたこと、その翌日には、夫のがんやふたりの子どもについての心配が語られた。しかし、夫の職業や実家のことはベールに包まれていた。手術は無事終わり、三度目の訪室。「夫婦がふたりともがんになるなんて、私たちよっぽど悪いことしたんでしょうかね?」。二、三のやりとりの後、私は軽口で応じた。そういえば、このあいだ、道楽でうなぎを捕り過ぎたからがんになった、だからちゃんと供養してもらったという人がいましたね。彼女はすかさず大きな声を上げた。

「うち、うなぎ屋なんです！」

家族について語られる契機と踏み、夫はうなぎ屋を継いだのかと返す。「いいえ、洋食のシェフだったのに、うなぎなら捨てるところがなくて全部使えるからと転向したんです」。彼女が嫁いだのは、夫がうなぎ屋を開いた年だった。毎日殺生をするわけだから毎年供養はしていたものの、ここ何年か供養の場での煙の上がり方が違うし、通りがかりの人たちが店舗ではなく住居部分をジロジロ見て行く、なによりも風のとおりが悪くなった。うなぎの呪いみたいな？

「そうです。でも、夫には本当に救われたんです。親の決めた相手のもとへ嫁いでみたら、ずっとおかしいと思ってきたことがやっと了解できて。夫は優しい人で、言葉で言えばわかるんだからとあたり前のように言います。いつしか私は人の顔色を見るようになっていましたから、未だに入院中は看護師さんたちのことが気になります。自分が子育てをちゃんとできるかすごく怖かった。育てられたようにしか人は子どもを育てられないとよく聞きますから」

「夫には本当に救われたんです」。私はここに最も惹かれる。彼女がいつか救われるはずだと信じて生きてきた半生がこの一言に凝縮されているからだ。しかし、この文章を推敲するあいだ割り込んできた視覚イメージはうなぎである。子どもの頃、夏になると一度か二度どこからともなく「うなぎ売り」がやってきて、祖母は必ずブリキのバケツに水を満たして一匹買い求めた。ブリキのバケツはみそ樽の隣に置かれ、その独特の薄暗さと湿度と匂いのある土間で、うなぎは半日、出番／死を待った。そばには、庶民の知恵なのか消化不良予防の「食い合わせ」一覧が記されたポスターが貼ってある。「うなぎ×梅干し」だったか「スイカ×天ぷら」だったか。子どもは迷信とバカにする一方で、わざわざそれを試す度胸はない。うなぎという文字通りつかみどころのない不思議な生物が毎日殺生される場で人が救済されるという二重性。さらに、夫との出会いが加害者である父親の命令であったことからも、それが単純な信仰の話ではないことがわかる。この先、死を恐れつつの闘病に彼女はどんなふうに臨むのか。

6.2 パラレルチャートにおけるイメージ

このパラレルチャートで私が一気呵成に書いたものは、イメージである。面接で浮かんだイメージである。これまでの臨床の反省でも、今後の臨床に生かす知恵でもない。それをホワイトのアウトサイダーウィットネスの手法に合わせてまとめ上げたものである。言うなれば、（その面接において空間を異にするチームによるものではなく）時間を異にするセルフによるリフレクティング・チームということになる。ところで、ホワイトはなぜこのような手法を提唱したのだろう。彼は、語られたことが喚起するイメージに注目することが相談に訪れる人にとって重要であることを繰り返し述べた。そのヒントはやはりイメージにあるのではないだろうか。リフレクティング・チームに関してホワイトが頻繁に参照する科学哲学者のガストン・バシュラールは、イメージの伝達と受容について心理主義を越えた現象学的考察を展開している。

詩的イメージは因果律に支配されないということは、確かに重大な陳述である。しかし心理学者や精神分析学者があげる原因にたよっては、新しいイメージのまったく意外な性格を説明することは不可能であり、またイメージの過程をしらないたましいのなかに、イメージがなぜ同意の気持を目ざますのか、これをときあかすこともできない。詩人はかれのイメージの過去をわたくしにおしえてくれない。しかしかれのイメージはわたくしのこころのなかにたちまち根をおろす。ある特異なイメージが伝達できるということは、存在論的にたいへん重要な事実である。(中略)イメージは——のちになって——ひとを感動させるが、イメージは感動の現象ではない。心理学的研究においては、たしかに詩人の個性を決定するのに、精神分析学の方法を考慮にいれ、これによって圧迫——なかんずく抑圧——の程度を測定することができる。だが詩の行為、不意をつくイメージ、想像力における存在のもえあがる焔は、この種の研究では把握できない。

(Bachelard, 1957／文庫版邦訳一〇 - 一一頁)

また、「共鳴」と「反響」の概念により、受容したものが心理的な過程を介さずそのまま自身の存在に転化するようなイメージの経験を描き出している。

共鳴は世界のなかのわれわれの生のさまざまな平面に拡散するが、反響はわれわれに自己の存在を深化することをよびかける。共鳴においてわれわれは詩をききとり、反響においてわれわれは詩をかたり、詩はわれわれのものとなる。反響は存在を反転させる。(中略)われわれはこの反響によって、ただちに一切の心理学や精神分析学をとびこえて、自分のなかに素朴にうまれでる詩の力を感じる。われわれが共鳴や感情の反射や自分の過去の呼び声を経験できるのは、この反響ののちのことである。しかしイメージは、表層をゆさぶるまえに、深部にふれている。またこれは読者の単純な経験にもあてはまる。詩をよんでわれわれにあたえられるイメージは、こうして真にわれわれのイメージとなる。イメージはわれわれのなかに根をはる。たしかに外部からうけいれたものだが、自分にもこれを創造することができた、自分がこれを創造するはずだった、という印象をもちはじめる。イメージはわれわれのことばの新しい存在となる。イメージは、そのイメージが表現するものにわれわれをかえ、これによってわれわれを表現するのだ。いいかえれば、それは表現の生成であり、またわれわれの存在の生成である。ここでは、表現が存在を創造する。（文庫版邦訳一七 - 一九頁）

さらに、詩人のオクタビオ・パスは次のように述べる。

詩の真実は詩的体験に支えられているが（中略）この体験はイメージのうちに表現され、伝達される（中略）それは、イメージはそれ自身によらなければ説明されえないがゆえに、イメージの固有の伝達方法は概念的伝達ではない、ということである。イメージは説明しない――それは人がイメージを再創造し、文字通りイメージをふたたび生きるように誘うのである。詩人の発話は詩的感応において具現する。イメージは人間を変性させ、他ならぬイメージに、つまり、そこにあっては対立するものが融合してしまう空間に変えてしまう。（Paz, 1956／邦訳一八八頁）

このように考えるなら、ホワイトの指示は詩的体験を伝達することにある。そもそも私は何を意図して「うなぎのおんがえし」などというタイトルをこのパラレルチャートにつけたのか。それは、本稿執筆時すでに四年を超えた臨床経過の中で、折に触れて思い返したことである。もちろん「つるのおんがえし」という民話からの連想であることはすぐに知れる。しかし、商品として殺生されるうなぎがその加害者である彼女家族におんがえしなどすることを示唆するタイトルには整合性がない。つまり、言葉遊びの類のタイトルであったわけだ。

6・3　パラレルチャートを読み直す

「うなぎのおんがえし」を書いたのは、彼女が紹介されてすぐの頃である。その後、転移ではあっても病巣は取りきれたとされ、その二年後に再発するまでは、どこの家庭にもある子育てについての相談が続いた。そして、いざ再発治療が始まると今度はその苦痛のケアとなり、最終的に脳転移に対する全脳照射で治療は終わりとなった。その最後の入院で、エンドステージはどうするかという相談になる。がんセンターでは基本、看取りはされない。在宅は可能かホスピスへの転院の方が望ましいのか。彼女も家族も強い希望というものはなかったが、在宅看取りは無理だとしてもしばらく家で過ごせれば良いということになった。ひと月後、彼女は家族に見守られながら自宅で他界した。

その半年後、パラレルチャートと本章第二節を読み返す。最も注意を引いたのは、パラレルチャート末尾のいくつかの対照的文句である。迷信 vs 度胸、殺生 vs 救済、そして夫との出会い vs 親の決定。そして、それらをパスが語るイメージの機能（対立するものが融解してしまう空間に変えてしまう）に照らすとき、私はようやく理解する。自分が面接で感じた対立を融解させるためにこれを書いたのではないかと。つかみどころのない不思議に、ひとまず納得すると言おうか。ジェイムズ・プロセックが『ウナギと人間』で探求した、うなぎの比較文化人類学的にミステリアスな地位も関係しているかもしれない（Prosek, 2010）。

できすぎた話だと言われるだろうが、実は本章を仕上げようとしている矢先、何気なく開いた岩波文庫、カルヴィーノの『アメリカ講義』から、小さく畳まれたコピーが落ちた。なんだろうと思って広げると、同書の一三六頁に紹介されたエウジェーニオ・モンターレの詩の佐藤三夫の日本語訳である。わざわざここで紹介したのは、そのタイトルが「うなぎ」であったことよりも、「うなぎの供養」で始まったこの会話の展開にふさわしい偶然があるからである。

6・4　散文と詩――脱構築に代えて

詩とポエジーについて確認しておこう。オクタビオ・パスによれば、「ソネットはその修辞的からくり――詩節、格調、押韻――がポエジーを帯びていないならば、詩ではなく、ひとつの文学的形式にすぎない。押韻のための機械はあるが、詩化のための機械はない。一方、詩なしでもポエジーは存在する。風景、人物、事実などはしばしば詩的であり、それらは詩であることなく、ポエジーでありうる（中略）詩はポエジーを包含し、それを刺激する、あるいは発射する言語の有機体である」（Paz, 1967／邦訳一九 - 二〇頁）。

ところで、パラレルチャートであれなんであれ、何かを書く際に散文か詩かという選択はどのようにしてなされるのだろう。これを考えるにあたっては、散文と詩の違いについて理解しておくべきなのだろうが、ここでは、それとてあやふやなままに話は進めたい。

実例からいく。レイモンド・カーヴァーの遺作である一九八九年の『滝への新しい小径』は、詩集であるが、実は散文を詩に仕立てたものが一五本含まれている。妻で作家のテス・ギャラガーが「ふとした衝動に駆られて、タイプライターに向かい、チェーホフの抜粋部分を適当に改行して詩のかたちにし、タイトルをつけてみた」のをきっかけに、カーヴァーは同じことを自分でもするようになったという。二人はチェーホフの中に詩人を見つけたのである。一例を示そう。

お昼に

「鴨のスープ」が出てくる。それでおしまい。しかしこの肉汁を
飲み込むのはまったくもって至難のわざである。ろくに

洗ってもいない野生の鴨の肉片と内臓が
愛想なく浮かんだ、ねとねとの液体……
美味には程遠いしろもの。

アントン・チェーホフ『シベリヤの旅』（Carver, 1989／邦訳三五一頁）

一行が短く空白を残し、数行で、出された料理に客がうんざりしている情景が鮮やかに浮かぶ、このようなものを私たちは詩と呼ぶことに抵抗はない。時間が止められたスナップ写真のようなもの。となると、散文とは、一行は空白を残さず連なり一段落をなし、一つの場面ではなくいくつもの出来事ないし論理を繋いだものである。写真よりも時間が流れる映画に近い。

チェーホフに対し同様の問題意識を提示するのがナボコフである。「犬を連れた奥さん」についての講義だ。「チェーホフの静かな短篇のクライマックス部分と呼んでいい部分が、このあたりから始まる。まず、平均的市民がロマンチックだと思うものが一方にあり、もう一方には散文的だとされるものがある――ところが、芸術家にとっては、両者ともに他ならぬ詩の核なのである。そのようなコントラストは、グーロフが最もロマンチックな瞬間にヤルタのホテルの部屋で、どっかり座り込み、悠々と一切れの西瓜を食べつづける場面によって、すでに暗示されていた」（Nabokov, 1981／邦訳二三二頁）。該当部分（Chekhov, 1899／邦訳四七六頁）を、カーヴァーを真似て詩にしてみよう。

彼女はしおれきって
顔つきもしょんぼりとして
悲しげに長く鬢がほつれ

うつうつとしたポーズで思い沈んでいるところは
むかしの絵にある罪の女にそっくりだった
「いけませんわ」と
彼女は言った
「あなたが今じゃ一番わたしを
尊敬してくださらない人ですわ」
部屋のテーブルの上には
西瓜がのっていた。
グーロフはひと切れ切って
ゆっくり食べはじめた
すくなくとも半時間が
沈黙のうちにすぎた。

アントン・チェーホフ『犬をつれた奥さん』

詩を読む習慣のない者にとって、これは詩だ。つまり、詩の素材となる情景を提示されれば、詩を書いたことのない人間でもそれらしいものは書けるということであろうか。となれば、詩を書くことは詩の素材の発見如何にかかっているのか。ちなみに、ナボコフは講義の末尾でチェーホフに典型的な特色を五つ紹介しているが、その最後にこうある。

洞察力とユーモアをもって、至る所で強調されている詩と散文のコントラストは、結局のところ、作中人物のためだけのコントラストである。現実に私たちが感じるのはチェーホフにとって高貴なものと低俗なものとの違いが存在しないということ、一切れの西瓜や、藤色の海や、県知事の手は、いずれも世界の「美しさプラス憐れみ」の本質的要素であるということである。

（Nabokov, 1981／邦訳二四九頁）

さて、詩か散文かという問いについては、身も蓋もない言い方ではあるが、いずれにせよ求められているのはポエジーである。文学形式の選択は、個人の好みとかその時代や国、文化において詩がどの程度身近なものであるかにも左右される。

第7章——せん妄の利用

7・1 「死んだこともないくせに」

死んだこともないくせに

平凡なケースだと思った。消化器がんの男性は、私と同い年の技術者で一人暮らし。二年前の春、浜田さん（仮称）は閉所恐怖で紹介された。MRI検査時の不安と不眠は数回の薬物治療で解決した。しかし半年後、今度は、せん妄になった。発熱によるせん妄は繰り返す。やがて抗がん剤は中止。入院後、脳転移はすぐに確定したが、治療はどうすべきか。病棟カンファレンスが開かれ、眠らせた上での単回定位脳照射に希望が託された。このとき、なぜか皆が彼のことを心底心配していることがわかる。

血圧も下がった金曜、誰もがこれで最期だと思った。意識が混濁するなか、彼は言った。「ホームラン、打ちます！」。私は返す。「君、何年生？」「小学一年生です」。彼はお母さんに言っているのだと思った。日本海側の小さな町で一人暮らしの年老いた母。一緒に住もうという息子の再三の誘いにも、隣近所の人と別れるのは寂しいからと、生まれた土地を離れなかった人。きっと息子のお荷物になることを潔しとしなかったのだろう。「じゃあ、また来るからね」「ありがとうございます。元気になってますから、また来てください！」

翌週の月曜、彼は死んではいなかった。意識障害も改善していた。何本もの管を体に通され、ベッドで横になっている彼が、窓から外の駐車場というありきたりの光景を眺めながら言った。「先生、生きているって本当にいいもんですね」。私は心が動いた。そして思わず口をついて出た言葉。「死んだこともないくせに」。彼は一瞬黙ったがこう返した。「だって、仕方がないじゃないですか、ただ、そう感じるんだから」。彼は、死んだことがなければ生きていることと比較してどちらがいいなんて言えるはずがないという私の屁理屈の上を行った。彼は生きていることが絶対的にいいと言っているのだ。こんな言葉が聞けるとは思わなかった。人が何かを話すとき、それと対の何かが語られずに残る。絶望なら希望が、死なら生が。だから、ネガティヴなものはポジティヴにしたいと願う。しかし、彼のポジにネガを重ねたら、彼の存在が浮き出た。彼が自分と同い年だったから、あんなことが言えたのかとも思う。教科書的にも人としても推奨されないことが。

まだ多少ぼんやりしてはいたが、私が主治医に代わって本人からＤＮＡＲを取った。彼は法律事務所を選び、本人の意思に沿って死後どうすべきかが決定された。財産は全て母親に残しますか。葬儀は故郷でしますか。遺体は故郷まで搬送しますか。その費用は財産から差し引きますか。車と家は売却しますか、等々。答えづらい問いに一つひとつ、彼はＹＥＳの側に丸をつけた。母親が呼ばれた。雪の合間を縫ってなんとか来院された翌朝、彼は他界した。霊安室に小さな老母の声が大きく響いた。なんまいだあ〜なんまいだあ〜なんまいだあ〜なんまいだあ〜なんまいだあ〜なんまいだあ〜。お棺の中の彼の顔を見た。なんと非凡なケースだと思った。

7・2　ホームランと青空

このパラレルチャートを小森さんから受け取って、わたしは次のような返信を書いていた。

†

「死んだこともないくせに」があまりにわたしの中で響くのと、パラレルチャートをまず書き（それを読みあげ）、それを「あたかも」でリフレクションしていくスタイルをライティング・プロジェクト・2ndシーズンのベースにしようという構想が盛り上がっていることが重なって、こんなこともありかも、と思い始めて。つまり、パラレルチャートへのリフレクションとして、さらにライティングを重ねていくのも、面白いのではないか、と。（それなら、一つの場所に集まらなくてもできる、というメリットもあるかも、と）それで、頭から離れない「死んだこともないくせに」への応答として、頭に浮かんだ文章がこんなもの。

僕は時を彷徨う
ふたたび七歳の少年となり
ボールを高く遠く打ち放つ
その孤高と
誇りと
歓声と
青
何より歓びを

飄々として　強靭な　彼の手が捕える

私には故郷があり
私を愛する者がいた

ただ一つのその響きを
震え　悼み　彼の耳が知る

そして私は善きものとして抱かれ旅立つ
そのことの、平安
そのことの、久遠

「死んだこともないくせに」は、結婚式のパラレルチャート（第9章）と、私の中では対極にあって結ばれて、両方にとても惹きつけられるの。両者ともに、そこに「人」が浮かび上がるだけでなく、社会的なものもすごく照り返されるのが、書くことの強みだなあ（読むたびにスポットライトが切り替わるように、幾重にも読める）、とあらためて――E

†

一人暮らしの男性ががんを患い亡くなるまでのこの話は、冒頭の言葉通り「平凡なケース」だが、どちらかというとそれは「ありきたりで幸福な」というより「ありきたりで切ない」トーンをおびている。「なぜか皆が彼のことを心底心配している」医療スタッフ同様に、読み手の心が浜田さんに寄るのは、その「切なさ」や哀感にどこか自分やその身近な場所が通じてしまう今を、誰もが生きているからだろう。

けれども、せん妄が時間を歪めたとき、彼は「ホームラン」を打つと言う。日本海側の小さな町の青い空に打ちあがる白いボールが見える。「ホームラン」という達成と華やぎを、包み込む歓声が聴こえる。はにかみつつ輝いてダイヤモンドを回る少年の背番号を目で追いながらも、そこには、活力に溢れ恋をする青年期の浜田さんや、技術者として充実する四〇代の彼もいるような気がする。彼の人生に、そして誰の人生にも、「ホームラン」の歓びがあることを、同時に、一瞬にして、わたしはこの文章から受け取る。だからこそ、死んだことなどなくても、「生きているって本当にいいもんですね」と同じくためらわずに思う。「死んだこともないくせに」という一見反論めいた医師のことばは、ここではその絶対性を感知したがゆえに発することのできる共鳴であり、「ただ、そう感じる」ことを先立って支持するものにほかならないのだ。

そうやってグランドを眺めていると、文章の読み手である「私」の横に静かに立つもう一人の気配を感じる。「僕」という主語を「私」に変えて語り出す者の手に、なぜかボールは収まり握られている。老成し落ち着いた、この世ともあの世とも知れぬ場所から聴こえる声。浜田さんの、あるいは一人で亡くなっていく無数の人々のものでもあるその声は、誰にも、どんな人生にも、還る場所と人があることをそっと諭すように告げる。母の念仏は、安手の憐みなど封じるように、すべてに向けて朗々と響きわたる。それは浜田さんの耳に吹き込まれながら、わたしたちをも怖れと悼みと慰撫のうちに震わせる。平凡であることがそのまま非凡に転ずるということは、個別を見据えようとすることに普遍が宿ることと重なり合う。

……と、こうして書きながら、「死んだこともないくせに」に対して、わたしはこのような文章で応答したくはなかったのだ、ということに今あらためて気づいている。このパラレルチャートが圧倒的に迫ってきたとき、ほとんど咄嗟に返信されたのは、詩のようなことばだった。パラレルチャートから受け取ったものをわかりやすく語り直そうとしたり、その意味を散文に起こしてしまうと、損なわれたり消えたりしてしまうものがあることを、あの時直観していた。そうした損傷や消失を少しでも逃れようと、受け取った何かを伝え返すのではなく、そのままそこにそっと置きたいと瞬時に望んだとき、ことばは〈詩のようなもの〉となって外にでた。

「わたしが詩をかく、この社会で語り言葉によって語り、散文の言葉でかけば、世界を凍らせてしまうにちがいないことを詩によって」（吉本、二〇〇六年／五七頁）。そう表明されるように、凍り固めるのではなく溶解と拡散のうちに、複数でありながらも保たれている何かを映すことについて、おそらく詩は長けている。◉註1「死んだこともないくせに」がわたしを詩に向かわせたのは、そもそもこの文章が、あまりにも同時に多数の風景を見せ、多数の声を届け、多数の時間を折り込むものだったからだ。しかもその複数性は、個々バラバラなものの集積ではなく、つながり、入れ子になり、表裏となるような同時的な一体でもあった。それが、患者の生きた時間、患者と医療者が出会う空間の再提示 representation としてのパラレルチャートだったともう一度思い返すとき、ここには、詩でしか応えようのない詩的なことが実際起こっていたのだ、詩的な時間が流れていたのだと考えるのは無意味だろうか。わたしは、このパラレルチャートが切り取った詩的時間／詩的現実／詩的世界に呼びかけられ、導かれるままに、〈詩のようなもの〉を思わず口にしていたのだ、と考えることは——。

7.3 連詩、せん妄、オリバー・サックス

詩でリフレクションされたのに散文で応えるのはなんとも無粋というものだが、本章はもとより連詩を狙ったものでもない。谷川俊太郎は連詩についてこんなふうに言っている。

自分の前の詩を受けなきゃいけないし、あとの詩に心を残さなきゃいけない。つまり自分を中心にして前後の文脈というものを他人の心のなかで考えなきゃいけない、ということがある。そういうことは、われわれが普通の詩を書いているときにはまったく考えない。(中略)ところが連詩の場に入ると、自分の両隣の人がクローズアップされてくる。両隣の人が過去にどういう詩を書いたとか、その人がこれまでの付き合いでどういう人間であったかとか、そういうところから世界認識が始まっていくよね。一人で書いているときには、広いけれども抽象的なものしか文脈にならないのに、連詩の場の文脈はとても具体的なものになる。両隣の人の顔色や健康状態までが勘定に入ってくる。僕の場合、そういうことで、自分の詩の文脈がまったく変わったんだ。また、連詩の場では、その「場所」とそ

の「時」という具体的なことで発想しなければいけない。（大岡・谷川、一九七五・二〇一八年／一九四頁）

これはまさにリフレクティング・プロセスの肝なのではないだろうか。

私が安達さんのリフレクションを受けて改めて理解したのは、浜田さんの「ホームラン、打ちます！」がこのパラレルチャートの種だということだ。それがせん妄下での見当識障害であっても、あるいはせん妄下であるからこそ、そこに焦点を当てることもあるべきリフレクティングだと思う。緩和ケア医の岸本寛史は『せん妄の緩和ケア――心理面への配慮』（二〇二一年）で、せん妄患者の話が聞かれないことに警鐘を鳴らしている。[●註2] 譫妄《せんもう》の「譫」の字は、『新字源』では（その中に「言」が二つもあるように）、第一義的には「多言」、第二義的に「たわごと」だから、それだけある言葉を聞かないというのは、やはりお話にならない。いずれにせよ、浜田さんの言葉に対する私の「君、何年生？」はガイドラインでは推奨されていない実践である。岸本は自著の第四章で、オリバー・サックスのせん妄患者治療から以下の到達点を示す。「わけのわからない彼のせん妄の中で事実と空想がどう混ざっているか、変化に富んだ長い人生で起きた出来事や感じた情熱をどう再体験し、時に幻覚として体験しているか、私は理解するようになったのだ」

ポイントは二つだ。第一に、「せん妄の語りは辻褄の合わない話とみなされて、関心を持って聞き続けることが難しくなる」ため、事実と空想の混ざり具合を勘案しながら聞く必要が示唆されている。これは確かにその通りだと思う。ただ、ちょっと気になるのは、辻褄が合うか合わないかが関心維持の可否につながるという前提を認めると、フィクションはノンフィクションに劣るということ、つまり医療者全般が抱えている言説（で、往々にして患者の話を聞かない背景にあるもの）を強化したり、すぐ「客観的に」と口にする悪癖にもつながったりしかねない。さて、安達さんが聞き取った浜田さんの声を私がどう聴くか。そこでは紛れもなく「私には故郷があり」が、一番説得力をもつ。浜田さんも私も、根無し草（例えば、中野孝次『ブリューゲルへの旅』）だ。そしてお互いに故郷のことは驚くほど語り合わなかった（私は彼の故郷の近くに一年と少し暮らしたことがあったので、彼の少年時代を想像するには事欠かなかったものの）。

せん妄理解の第二のポイントは、五つのキーワード、「人生」「出来事」「情熱」「再体験」「幻覚」にあるという。これらに基づいて、せん妄の内容を理解することが推奨される。あのホームランを誓う少年の一言、彼の一振りがホームランになったか否かは問題ではない。小学一年生でホームランを狙う情熱こそがリアルであり、彼は今、そこにいる。五つのキーワードの全てが揃っている。なんという豊穣さ。

7.4 たかがせん妄、されどせん妄――脱構築に代えて

ここ一〇年ほどで、総合病院におけるせん妄の位置づけは「たかが」から「されど」に移行し、私の勤務する愛知県がんセンターでも「高齢がん患者支援委員会」なるものが生まれ、鳥なき里の蝙蝠として私にその委員長のお鉢が回る時代である。せん妄（つまり対応困難例）となるのは、認知症がベースにあって症状が遷延する場合が多いから。

しかし、認知症やせん妄のスクリーニング体制を整え、ケア加算を確保することで病院経営に貢献するだけではつまらない。たとえば、「うらしまたろう」（文・松谷みよ子／絵・いわさきちひろ）を使って、認知症・せん妄患者の話の聞き方を考えてみる。たろうの言動を認知症患者の症状として理解するよりも、認知症患者をうらしまたろうと想像することで、患者の語りをいかに聞き取れるのか試すわけだ。たろうの語りには「事実と空想がどう混ざっているのか」。それを知るだけでも、全体のストーリー展開はかなり了解可能となるはずだ。少なくともそれはちぐはぐな話ではない。誰もが大筋は知っているわけだが、その細部にあるたろうの主観的表現には驚かされるだろう。

「かわいそうに。かめを　はなしておやり。」といって、ありったけのかねを　こどもたちに　やった。（四‐五頁）

記憶障害は、新しいことを覚えられなくなったり近い記憶は薄れたりするものだが、昔の記憶はまだまだ温存されるところが特徴だ。しかし、いじめっ子をカネで手なづけたという記憶（事実?）が残ったのはなぜか。たろうが裕福ではないという事実が判明すると、これは病前性格と捉えるよりも、そうまでしてかめを救おうとした彼の情熱と映り、聴く者の心を打つ。

ゆめを　みているよう。ぼんやりと　かめの　せなかから　おりると、でむかえた　うつくしいめしつかいたちが　てをとって、ごてんの　おくへ　あんないした。（一〇‐一一頁）

幻視も本例のような楽しいものは大歓迎だが……

みごとな　ふすまを　ひきあけると、そこには　ひろびろとした　たはたが　ひろがっていた。（一八‐一九頁）

竜宮城での接待という幻視のなかに、さらに襖を開けてもう一つの情景が入れ子になっているところが興味深い。つまり、場所の見当識障害が突然消えて、自分の故郷が見えるという日内変動である。

やがて、ゆきが　ふりだした。たも、はたけも、とおい　やまも、ゆきに　うもれた。（二〇 - 二一頁）

しかし、四季が一気に駆け巡るところは、時間の見当識障害と言わざるを得ない。

きゅうに　むらへ　かえりたくなった。そうおもうと、どうにも　がまんが　できない。

（二二 - 二三頁）

入れ子の現実は貧しく厳しい暮らしであるにもかかわらず、たろうは家に帰ることを性急に望む。感情失禁。

「これは、たまてばこともうします。これさえあれば、また　りゅうぐうへ　かえることが　できる　たからものです。けれど、けっして　なかをあけては　いけません。」（二四 - 二五頁）

故郷に帰るたろうへの乙姫様の言葉だが、健常人でもわかりにくい指示だ。おそらく、竜宮へ帰りたくなったら、迎えが来ることを信じて、箱を開けるなということだろう。幻覚の中のこととはいえ、実行機能が障害されていれば、目的を持って箱を開けずに我慢するなどということはとてもできない。

いえは、かげも　かたちも　なかった。あたりをみまわせば、みたこともない　ひとたちが　はたらいている。

（二八 - 二九頁）

たろうの相貌失認を示しているが、三〇〇年後の故郷に戻ってきたというSFまがいの筋立てが興味深い。気になるのは村人のセリフだ。彼が、年老いた母親を捨てて失踪した非情な一人息子として村人の記憶に長く残っているのは、母親に対する罪悪感を示しているのかどうか。

みるみる　あしは　よろめき、かみは　ゆきのように　しろい　おじいさんのすがたに　かわった。

（三〇 - 三一頁）

この後、たろうは一言も言葉を発しない。失語である。そして、茫然自失。

するど、とおい　うみの　はてから、なみが　おとひめの　うたを　はこんできた。あけては　いけないと　いったのに。あけては　いけないと　いったのに。あなたの　わかい　いのちを　そのはこに　しまっておいたのに。

たろうは　ないた。りゅうぐうが　こいしく、おとひめがなつかしく、いつまでも　はまべに　すわりつづけていた。

（三二頁）

最後の場面は感動的である。幻聴で乙姫の歌が聞こえる。

あけては　いけないと　いったのに。あけては　いけないと　いったのに。
あなたの　わかい　いのちを　そのはこに　しまっておいたのに。

こうなると、もう浜辺に座っているだけ。帯も締められないか。失行。

この後には認知症患者の認知の一端を垣間見るために風景構成法を供覧したり、（自分の老人ヒーローを想像するというエクササイズを通して）高齢者の最大の特徴は個人差の大きさにあるが故に高齢者のケアは弱者のケアであることを示したりする。

●註1――吉本隆明は「喩法論――詩人論序説3」において、詩の喩法を考える時、修辞学的な（代表的には直喩／シメリーと陰喩／メタファーのような）分類はあまり意味がないと論じ、総合的な機能の視点で、「感覚喩」＝感覚を形象しようとする喩法、「意味喩」＝意味を成立させようとする喩法、「概念喩」＝意味喩としても、感覚喩としても必然性をもたないにもかかわらず、概念の直接表現として必然性をもつ喩法、の三つに分類する。例えば、「ぼくはぼくを恋する女になる」（清岡卓行「セルロイドの矩形で見る夢」より）を示し、これを「言語表現としての感覚と意味との統一性をもたないにもかかわらず、内部世界にある概念としては、感覚と意味との統一性をもっている」がゆえの「概念喩」であるとする（吉本、二〇〇六年／八五‐一二〇頁）。開放系でありながらも一体化をもたらす「概念喩」が詩に顕著な喩法だとしても、散文のすべてがこの「概念喩」に近づけないわけではなく、例えば村上春樹の直喩は、明示的な感覚の形象や意味の成立を回避・攪乱しようとする「概念喩」だといえるのかもしれない。

●註2――同書の第三章／註一二は傑作だ。（二〇一九年に日本サイコオンコロジー学会が公表した「がん患者におけるせん妄ガイドライン」について）「……「ガイドライン」の中で「聞」という文字を検索しても、「難聴患者ではどちら側の耳が聞こえやすいか……」の一か所しかヒットしません。ちなみに「聴」は一二カ所ありましたが、聴力、補聴器、幻聴の類で、「話を聴く」の意味で使われているところは皆無でした」

第8章——夢の利用

8・1 「広島献神」

広島献神

左臀部に何かが触れるのを感じる。歩いている最中で、左手をそっと後ろに回してみる。生温かい、湿気を含んだ、それでいて芯のある何かに指が触れる。さっと後ろを振り向くと、大きな犬の鼻頭である。思わず手を引っ込める。連れているのは小柄な女性だ。どう見ても、何かあってもこいつを止められはしない。彼女は社交的な笑みを浮かべてはいない。犬はもちろんそんな面構えではない。なんという種類の犬ですかと訊ねる。「広島献神[註1]と言います。土佐犬の流れです。闘犬のためのものです」

そのまま歩き続ける。献神は私の尻をコツコツと押し出すように付いてくる。そのうち、献神の右前足が私の左脚と一体化する。重い。なぜ私はこのようなものと二人三脚をせねばならないのか疑問さえ湧かぬ塩梅で、それは続く。無目的でありながら迷うことだけが目的であるかのような散歩。もちろん国内のようであるが、カフカの散歩のようでもある。献神は私が目的地に到着したときに私を解放してくれるのだろうかと心細くなる。それは脅迫でもあり愛でもあるような感覚である。実家の裏口に私はたどり着き、鍵を回す。献神は私を解放する。

ドアを開けると、そこは実家の何十倍はあろうかという屋敷であった。部屋が今度はいくつも続く。かと思えば、また外に出ている。中に入り、下着を洗濯機に放り込むが、替えがない。私は誰のものともわからないが清潔であるものを身につける。そして、どこまでも歩き続ける。何度目かに家に戻って鍵を閉めたときに外に若者がいて、中に用があるのだという視線を投げかける。私は無責任にも彼を中に入れる。連れがもう一人いて、二人がハングル語で話すのを聞き、目がさめる。

そういうことだったのかと合点する。その日に私は韓国籍男性の膝の装具の愚痴を聞いていた。二つのがんが一度に見つかり、膝の手術後で、今は化学療法をしている。はじめから馬の合う患者である。愚痴などいくらでも聞けるし、姉の睡眠薬の相談にも乗る。帰化していないので別れた妻との間に財産問題はない。数年前にハングル語を習ってもみたが身につかなかったと笑う。技術者なので、装具があまりにお粗末だと不機嫌だ。日本のレベルをもってすれば、こんなもの有り得ないねと。

私は彼の膝のつらさを夢で体験したのか、しようとしたのか。しかし、そこに恐怖が混じっているのはどうしたものか。彼がどこかで豹変するとでも思っているのか。歩き回る夢はこれまでそれほど見たことはない。彼との面接でこれを開示してみようか。彼は何を言うだろう。その一方で、治療者の意識ならともかく無意識まで開示することは無責任ではないかという声が聞こえる。それでも私の好奇心は抗いがたい。

そうだ、K先生に訊いてみよう。

上記パラレルチャートは、夢の内容を忘れないうちにと二〇一九年八月二七日の朝、一気に書き上げられたものである。推敲が全くなされていない点が、パラレルチャートとしては破格である。また、医療関係者である私が省察したものではなく自身の無意識の産物である夢が提示されている点も例外的であろう。しかし、その二点がむしろ功を奏したのは、最終行に書き付けた通り、K先生に訊くきっかけになったからである。「訊く」とは、もちろん「コンサルテーション」ではなく、あくまでも「私信」である。しかし、ただのメールでもない。自らの経験を一旦まとめた文書を基にしている点と、そこにさらにもう一人の対話者Rが加わり、リフレクティングの様相を呈することになる。このような対話形式による発見的価値のあるやりとりがいかに当事者の認識を変えていくのか想像してもらえればと思う。

8-2　K先生からの返信

[2019.8.27/Tues.]

なかなかすごい夢を聞かせていただいて、ありがとうございます。

冒頭から「生温かい、湿気を含んだ、それでいて芯のある何か」と温度、湿気、硬さといった感覚が豊かに経験されていて、仮に私がこの夢を目の前で語られていたら、この感覚を味わいながら聞くと思います。また夢見手にもこの感覚をじっくりと味わってもらうように促すかもしれません。

献神の右前脚と自分の左足が一体化というのは強く印象に残りますね。夢の中で誰かになったりすることは比較的ありますが、一部が融合するというのはそれほど多くはないかと思います。献神と先生とがそれぞれ自分性を残しながら融合するわけですから。錬金術には男女が合体したヘルマアフロディテが完成体として表現されることがあります。

この夢ではたくさん歩いておられますが、動きの方向が同じ地平面上でなされていて、例えば西洋における天上と地下といった垂直軸よりも、水平軸で動きが展開しているところは、日本的、東洋的な感じ（西方浄土など）を受けます。ここで、犬に押し出されるように歩いているところで、少し心細くなり、脅迫でも愛でもあるような感じも感じておられますね（この怖さについては後ほど）。そして、たくさん歩いて到着したのが実家だったわけですが、その実家は実際の実家よりも何十倍もあり、この世の実家というよりは、もっと根源的、本来的な実家に戻られたのでしょうか。

その実家に招き入れられることの意味は、個人的なレベル、関係的なレベル（患者との関係性）だけでなく、集合的なレベルでも（特にこのご時世ですので）考えてみる意義はあるのではないかと思います。その際、ご自身も衣服を脱いで清潔なものを身に纏っておられるということで、実家で生じていることとはいえ、とても神聖な感じを受けますね。

さて、「恐怖が混じっている」ことをどう考えるかですが、自分の内面を見渡して、あまり恐怖の源泉が見当たらないとき、その恐怖は患者から乗り移ってきた可能性について考えてみるのも一興でしょうか。患者が恐怖を抑圧している時にはそれがこちらに押し出される感じで受けてしまうことがありますから。もしそうだとすると、この恐怖を言語化して伝えてしまうと、機が熟していない時にはかえって抑圧が強まる可能性もあるかもしれません。

とはいえ、先生なら大丈夫な気もします。「治療者の意識ならともかく無意識まで開示することは無責任ではないか」という点については、私は夢を無意識と捉えるだけでなく、むしろ「深い意識」の体験と捉える捉え方にも傾いていて、無責任だと一概には言えないと思っています。K

8・3 リフレクティングへのリフレクティング

示唆に富む返信。私はすぐに「結論としては、あらかじめこれを持ち出すかどうか決めることはせず、面接の中で然るべきタイミングが訪れればいつでも持ち出す」ことにするとメールを返した。自己分析として、韓国は、最近の日韓関係のみならず、香港の動向も重なっていること、およびハン・ガンの新作『回復する人間』の「青い石」に感動し、積読になっていた（光州事件に基づく）『少年が来る』を再開していたことからも確かにアジア的であると認めた。

するとK先生からは、早速「青い石」に目を通したが、「木の絵は人間が描きうる一番静かな自画像」とはバウムテストのエッセンスであるし、夢の中の「青い石」も非常に印象に残るイメージだと返信が来た。

何往復かのやり取りの後、私は『少年が来る』の現実が現在の香港だと思うと暗い気分になることを伝え、彼女がインフォーマントに執筆許可を求めた時の答えを付した。「許可ですか？　もちろん許可します。その代わりしっかり書いていただかなくてはなりません。きちんと書かなくてはいけません。誰も私の弟をこれ以上冒涜できないように書いてください」（ハン・ガン『少年が来る』邦訳二六五頁）

すると、K先生から以下の返信があった。「ありがとうございます。なかなか重いテーマですが、私が学生時代に見た夢にも韓国の民族衣装をまとった女性が現れていたので、避けて通ることはできないテーマだなと思ってはいます。その夢で、私は森の中にいて、草の陰に隠れています。日本兵が列をなして何か作業をしているのですが、草の陰から見ていると、手足を縛られた女性を流れ作業のように次々と送っています。その列の先は池のほとりまで続いていて、池の中に女性を次々と放り込んでいます。いつの間にか私はその放り込まれた女性になり、手足を縛られ、口にも布が詰められていてもがき苦しんでいるところで目がさめるという夢でした。この女性たちが韓国の民族衣装をまとっていました。この夢を見たのは医学部の三回生の八月一五日の夜から一六日の朝でした。三回生の四月から七月にかけて解剖学実習がありましたから、その後もビザールな夢を結構見て、解剖学実習の影響もあるなと思ってはいるのですが、夢を見た日付（終戦記念日）からは、夢については太平洋戦争のことを思わないわけにはいかないかとも思っていました。この夢については今なお考え続けています。K」

8・4 Rからの返信

前段までで私とK先生とのやりとりは一旦終わった。ところが、翌週、同パラレルチャートを送ったRから「広島献神」へのコメントが届いた。

[2019.9.2/Mon.]

あなたが気づいていることも気づいていないことも含め、自分の考えにアクセスするのは、とても印象的です。あなたの文章があなたをより力強く思考の流れに導いてくれるのでしょうか。もちろん患者は、あなたの心の中で何が起こっているのかを直接知るべきではありませんが、あなたとあなたが書くフィクションでは確かにそれを知ることができるわけです！　あなたが書いているものをEメール以外の何らか

の方法で共有する方法が見つかるとよいと思います！　R

「なんらかの方法で共有」と勧められても、すぐにどうするということもないので、まずは、先週までのK先生と私のやりとりをRに送ってみた。すると、三日後に以下のメールが届いた。

[2019.9.4/Wed.]

YとKの往復Eメールを一通り読みました。お互いをよく知っているようで、読書体験も共有しているようですね。私は、ハン・ガンの短編を読んだことはありません。

そのやりとりから私が感じるのは、あなたとKが、夢の中で融合したあなたと献神の脚の動きを再現しているということであり、つまり、あなた方も患者である韓国人エンジニアとの接触経験を通して「一緒に歩いている」のではないか、ということです。再現、再現とくれば、あらゆる場所が出てくることになります。このような「心の連合」が生産的で生成的であるためには、何が必要でしょう？　気づきの面だけでなく、気づかない面でも、その両方の開放性が必要です。私としては、「深い意識」と対照させたとしても、無意識の概念は残しておきたいのです。なぜなら、完全な意識下で起こっていることであるにもかかわらず、揺れ動いているのですから。

しかし、常に懸念すべきは、患者の状況と医師の状況を一つにしてしまうことにあります。ナラティヴ・メディスンがすべきではないことは、そこで治療者を治療することです。私たちは、気づかないことも含めて、すべてのリソースを患者ケアに使用できなければなりませんが、お互いのニーズを混同してはいけません。だからこそ、臨床に感情と個人的存在を持ち込むことを西洋医学は恐れるのです。自己中心的な考えに汚染されてしまうことになるので。先に進むためには、（夢の中の衣服の着替えのように）何らかの浄化が必要です。少なくとも米国の精神分析が今や修復不能に陥っているのは、分析家が（スーパーヴァイザーの承認を得て）自分のことを常に正しいと考えてしまう傲慢さのためではないかと思います。

フィクションや世界の出来事があなたがたの会話の中に嵌入していることに、感銘を受けました。実際、主人公である医師は、芸術／文化および世界状況についてのあらゆる気づきを、この患者に関する理解ないし推測に動員しています。それは臨床的アプローチとしてどの程度「容認できる」のでしょうか？　あなたがボルヘスを読んでいたとしたら、それはどうなりますか？　あるいはアイン・ランドとか？

さようなら、R

8.5　Rへの返信

[2019.9.9/Mon.]

正直に言うと、ボルヘスは翻訳の文献として『伝奇集』の中の短編を二本読んだだけなので、あなたの問いに答えるには、週末に付け焼き刃で多少何かを読まねばなりませんでした。手始めに、『夢の本』でよかったでしょうか。それは夢の記述のアンソロジーですが、まずその序文に惹かれました。「夜の芸術は昼の芸術の中に入り込んでいった。侵略は幾世紀にもわたり続いた」（Borges, 1976／邦訳一二頁）。まさに、今回の話では、夢が臨床に入り込んでいるわけですから。百以上の断片のうち、例えば「コールリッジの夢」はボルヘスの自選ですが、フビライ汗の夢が現実化した宮殿の詩をコールリッジが夢に見て記憶の限り書き残す。それについてボルヘスはこんな仮説を披露する。「皇帝の魂が宮殿の崩壊後コールリッジの魂の中に入り込み、彼に大理石や金属よりも耐久性のある言葉で宮殿を再建してもらおうとした」（同書二二三頁）。もしもこんな自由で幾分超自然的な発想を享受していたなら、私の見た夢はK先生が三〇年以上前に見た夢と相似形であること、私の思いつきにK先生を付き合わせることでK先生もそれを私に開示することになったこと、そのような過程がふたりの親密性を増し、対話のリアリティを上げることは、促進されたかもしれません。残念ながら、アイン・ランドをすぐに読んで考える時間はありません（『肩をすくめるアトラス』は一二七〇ページもある！）。

これは、臨床的アプローチとしてどの程度「容認できる」のかを考える前に、これをどのようなアプローチと考えるのかを明確化すべきでしょう。端的に言えば、これは何らかの構造をもつものではなく、即興的コンサルテーションと考えるのがよいと思います。このパラレルチャートの末尾にあるように。となると、容認すべきは、「即興性」（Nachmanovitch, 1990）ということになるでしょう。（後略）長文失礼。Y

全くの私信であった上記のメールを本書の趣旨を理解して頂き、公開についての同意を下さった岸本寛史先生（静岡県立総合病院）とリタ・シャロン教授（コロンビア大学）に心から感謝します。

●註1――「広島献神」の文字は、夢の中にテロップとして浮かび上がった。英訳するとHiroshima Devotion Godとなる。短縮形の「献神」はDog Godとした。日本語発音でのケンシンは、献身と犬神の両方を想起させるが、「献げる」の中にも「犬」が入り込んでいる。

第9章——あたかも症例検討会

9・1 あたかも症例検討会ステップ1

内科医のMさんから講師依頼があった。暮れの研究会でナラティヴ・メディスンについて話してほしいと。彼女は地元で緩和ケア研究会の世話人をされていて、手紙にはこうあった。「病棟の看護師さんとだけでなく、介護職の方やご家族も交えてカンファレンスをするようになり、共有しなければならないのは、医学的な情報よりも患者さんの物語になってきているように感じています。患者さんに関わるひとりひとりが、いかに細やかに患者さんの物語を読み取っていくのか、それをどれだけきちんと他のスタッフに伝えることができるかが、患者さんへのケアの質を左右している印象を持っています。また、介護者の方の中には、医療者より高いレベルで患者さんの物語を読み取っているにもかかわらず、医療者にそれを伝えることを躊躇しているように感じることもあります」。正にナラティヴ・メディスンが求められるわけだ。研究会の直前となったが、私はMさんに、パラレルチャートを書いて、それを研究会で朗読しませんかと持ちかけた。そして、前日には、「あたかも症例検討会」の様式で参加者にも発言をもらう了解を得た。

「あたかも症例検討会」は、ハーレーン・アンダーソンが「自分の哲学的スタンスに沿って、そして自他との対話を促進する空間を設ける目的で考案した」(Anderson, 1997) ものであり、スーパービジョンや教育、あるいはビジネス・コンサルテーションで出されるジレンマ、心配、問題、争い事、論争点について、参加者たちの話し合いを助けるものだ。本邦では、主にナラティヴ・セラピーの研修会において実践されている。これはリフレクティング・チーム (Andersen, 1987) に症例検討会を落とし込んだものとイメージするとよい。症例提示者がコンサルタントに相談する会話を参加者各自がそこでの登場人物のロールをとった上で傾聴した後で、リフレクティングを行い、そのリフレクティングに対して症例提示者がリフレクティングする。最後はこの構造自体を脱構築する四つのステップからなる。実践における多声性、透明性、平等性などを実感する演習でもある。六〇分版の症例検討会の流れは以下である。

あたかも症例検討会（六〇分版）

ステップ1／症例の提示と傾聴（五分ほどの全体オリエンテーションの後、二五分ほどで）

(1) 提示者は、症例の登場人物を司会者に紹介する（そこには、自らも含まれる）

(2) その他の参加者全員は隣で、あたかも登場人物の誰かになったつもりで（たいてい同じロールを取った人は集まって）提示者のストーリーを聞くわけだが、心に湧いてくる疑問、コメント、示唆などは口にしない。

(3) 提示者は、登場人物がこの場にいて自分のストーリーを聞いているところを想像しながら、以下の質問に答える。①なぜあなたはこの状況を選んだのですか（それは、ありがちなことか否か、特別な臨床上のジレンマかセラピーの行き詰まりなのか）、②あなたは何を期待しているのですか（希望、課題、ないし目標）、参加者に答えてもらいたい具体的な質問がありますか、③私たちが知っておくべきだとあなたが思うことを話して下さい。

ステップ2／リフレクティング（一五分）

参加者は、同じロール内で自分の考えやストーリー体験を語り合う。例えば、①話の中で最も興味を惹かれたのは？（具体的な言葉、台詞、気持ちや雰囲気など）②どんなイメージが浮かんだか？（それは提示者のどんな目的、価値観、信念、希望、抱負、夢、そして献身を表していると思いますか？）③個人的共鳴（なぜあなたはその表現に惹かれたのか？）④この発表で、今まで経験したことのない何を経験したか？　各ロールの代表が順次発表していくのを司会者はホワイトボードに書き留めていく。

ステップ3／リフレクティングについてのリフレクティング（一〇分）

提示者は、ステップ2のあいだにメモしておいた、自分の好奇心をそそった声について、司会者と共有する。

ステップ4／脱構築（五分）

参加者全員に、症例検討の過程をどのように体験したか共有してもらう。

当日。前半の講演はつつがなく終了し、Mさんのパラレルチャート朗読となった。会場は階段教室で、彼女は最前列に座っていたので、その場で、「あたかも症例検討会」の形式通りにやりとりが始まる。まず彼女にケースの登場人物を紹介してもらった。患者である緩和ケア病棟の若い女性、元フィアンセ、双方の両親、病棟スタッフ、そして主治医であった彼女の計八名である。ここで参加者は誰のロールを取るかを決めた。ただし原法のようにそれぞれのロールごとに集まりはしなかった。それぞれその場で、「あたかも」、その人になったつもりで、彼女のパラレルチャートの朗読を静かに聴くことになった。

†

ホスピスの結婚式

彼女と出会ったのは、私がまだ緩和ケア病棟に勤務していた頃でした。二〇代の女性、がんの終末期。DIC（播種性血管内凝固症候群）をおこしていて、余命数日と推測される状況で、隣県の病院から救急車で転院してきました。

高熱と痛みと子宮からの出血で、救急車から降りてきた彼女は正に余命数日と感じさせました。ところが、輸血をしてモルヒネで痛みのコントロールをして、ステロイドで熱が下がると、思いのほか元気になりました。そんな時にご両親から「娘に結婚式をあげさせたい」という話がでました。

一年前、彼女は婚約しました。式場も決まり、ドレスも予約しました。しかしその頃、がんだとわかりました。診断時からすでに根治は難しい状態でしたが、そのことは本人には伝えられず、抗がん剤治療が始まりました。しかし病状は悪化、抗がん剤は中止となりました。婚約者のご両親から婚約破棄が彼女のご両親に伝えられ、婚約者も面会に来なくなりました。彼女のご両親はそれを本人に伝えられませんでした。うちの病院に転院したのは「最期を故郷で」という思いだけでなく、婚約者が面会に来なくても彼女が不審に思わないようにというご両親の配慮もありました。少し元気になって、結婚式を目標にがんばってきた娘にドレスをきせてあげたいとご両親は思われたようでした。

その話から一〇日後の日曜日に結婚式がおこなわれることになりました。それまで、彼が面会に来ないと泣き叫んでいた彼女は、それを聞いた日から、彼のことを一切言わなくなりました。婚約者には彼女の両親が手紙を書き、彼は自分の両親には内緒でタキシードを着て現れました。そんな彼に彼女は一言「ありがとう」とだけ言いました。面会に来なかったことをなじったりせずに。出血でドレスを汚さないようにたくさんパッドをあてて、試着した時からずいぶん痩せてしまった体にタオルを巻きつけて、彼の隣に立って病棟に即席でつくったヴァージンロードを歩きました。彼女の親戚・友人の前で弾けるような笑顔で、本当にきれいでした。万が一大量に出血していた時のために途中で彼女を一度控室に戻しました。控室に倒れこむように入り、あんなに笑顔だった彼女の顔が苦痛にゆがみ、少し吐きました。痛み止めの注射と座薬を使って、出血で汚れたパットを換えながら「もうここでやめてもいいんだよ」と声をかけましたが、彼女は黙って首を横にふりました。再びみんなの前に登場した彼女は、嘘みたいに笑顔でした。ケーキカットをして、彼の口にケーキを入れ、彼から口にケーキをいれてもらい、「おいしい」とみんなに笑顔を向けました。

その二日後、彼女は亡くなりました。お葬式がすんだ後、ご両親があいさつに来られました。「娘にまねごとでも結婚式をあげてやれたことが本当に幸せでした」と言われました。結婚式が決まった後、彼女が何を考え、何をあきらめ、何を決断したのか――。彼女のしようとしたことのお手伝いが少しでもできて、私もとても幸せでした。

9・2　あたかも症例検討会ステップ2

会場は水を打ったように静かになった。私は、「あたかも」のステップ2として、女性患者、元フィアンセ、双方の両親、病棟スタッフ、そして主治医の立場ごとに、順にコメントを求めた。挙手による自由参加である。パラレルチャートは彼女の手元にのみあり、参加者には配布されていない。各ロールのリフレクティングにMさんはじっと耳をすませていた。

9・3　あたかも症例検討会ステップ3

ステップ3として、私はMさんに、登場人物からの声についてコメントを求めた。

女性患者のリフレクティングとしては、死を覚悟したうえでの、ご両親への感謝の言葉が語られるのではないかと予想していました。しかし、実際に何人かが語ったのは、「悔しい」という言葉でした。それを聴いているうちに、私は「誰のための結婚式なのか」とその当時、自分が思ったことを突然思い出しました。最初に両親から結婚式の話を聞いた時に、「誰のための結婚式なのか」と、まず思ったのでした。

Mさんは、なぜそれまでそのことを忘れていたのか、なぜ突然思い出したのかわからない不思議な気持ちでいたという。

患者さんは、結婚式の話が出るまでは、彼が面会に来ないことに腹を立てたり、ご家族に物を投げつけたりしました。しかし、結婚式の話を聞くと、彼のことは一切言わなくなり、急に大人になったような印象でした。今思えば、残酷なことをした。むりやり大人の対応をさせた。子どものまま、天真爛漫なまま、逝かせてあげればよかった。立場上、彼女を守って結婚式を止めることもできたのに……と思いました。

彼女は「誰かの役にたつこと」を死の直前まで大事にしたのではないかと思っていました。研究会の前に小森先生からパラレルチャートの話が出たとき、たくさんの症例のなかから彼女を選んだのは、この話を「美しい話」だと思っていたからだと思います。しかし、実際に書いてみると結びの言葉がみつかりませんでした。「すごい」でも「尊敬する」でも、どれもしっくりこない。結局「私もとても幸せでした」と結んだのですが、自分では「何か違う」と思っていました。みんなのリフレクティングを聴いて、自分が「誰のための結婚式なの？」という気持ちを思い出した時、その理由がわかりました。私は自分のしたことを良いことだと思う反面、つらい思いをさせた自分に腹を立てていた。結婚式でみんなに笑顔をみせている彼女に、「がんばれ」と思いつつ、「もうやめて」とも思っていた。心のどこかで、「単なる美しい話ではない」と思っていたのかもしれません。

9·4　あたかも症例検討会ステップ4

ステップ4は、参加者全員がロールを下りて、検討会過程をどのように体験したか共有してもらう段階である。私のコメントは以下の通りである。「『誰のための結婚式か』という思いの想起にまで進まれたこと、本当に貴重なことだと思います。私も、なぜあのパラレルチャートがお涙頂戴物語に落ちないのかという不思議が解明できて大変嬉しかった。参加者の皆さんにとっても、あのような物語が登場人物の視点に立ってそれがかくも多声であることを認識された以上、これから美しい物語や大きな物語を聞かれた時に、そのまま聞き流すのではなく細部に至る可能性が出てきたのではないかと思います」

9.5 継続的リフレクティング

この後、Mさんに何が起こったのか?

私は検討会が終わった後も、その翌日もパラレルチャートに書いた結婚式のことを考え続けていた。実はこの結婚式、一〇年以上前の出来事である。しかし今回このパラレルチャートを書くにあたって、当時のカルテや記録を一切みることなく、一瞬にして書き上げた。まるで昨日のことのように場面が次々と浮かんで、結びのことば以外、何の苦もなく書き上げた。「美しい物語」として、忘れられない患者さんであり、忘れられない出来事であった。それが今回、会場からのリフレクティングを聞くことにより、もっと強烈に思い出した。思い出したというよりあの時のあの場所に引き戻された感じだった。引き戻された私はあの時の主治医としての私ではなく、全体を俯瞰する視座をもっていた。まるで劇をみているようにあの時の主治医としての私も含めて、全体をみることができた。「あたかも」の登場人物のリストの中に主治医である私のロールも入っていて、実際にそのロールをとる人もいた。その時点で私は「主治医である私」の視座を離れることができたのだと思う。そこでみる劇は新しく作り直されたものではない。私があの時、確かにみていて、でも忘れてしまっていた場面をはっきりと見せる劇だった。忘れてしまったというより、記憶するときに選ばなかった景色なのだと思う。私は結婚式が決まったあと、ひとりで窓の外を眺める彼女を確かに見ていた。私は結婚式が終わった後、誰からも声をかけられることなく、ひとりでエレベーターに乗り込む彼を目の端でとらえていた。私はこの患者さんの物語を、「両親が娘にプレゼントした結婚式のようにみえて、実は彼女から両親へのプレゼントだった」という、美しい物語として記憶に残そうとしていたのだろう。編集の過程で抜け落ちたものを今回の「あたかも」は思い出させてくれた。あの時よりもっと深く彼女の気持ちを考えた。「結婚式が決まったあとの彼女がどれだけ孤独だっただろう」と。あの当時そんなに重要な登場人物ではないと思っていた婚約者の気持ちを考えた。「あの結婚式と彼女の死で、その後の人生はどうなったのだろう」と。彼女と彼を思って泣いて、そして彼のその後の幸せを祈った。あの時これだけのことに気づくことができていれば、彼女を孤独にすることもなかったし、彼を結婚式のあと声もかけずにそのまま帰すこともしなかったとも思った。あの時の彼女と彼にできなかったことを、今後出会う誰かにしていこうと思った。

彼女の転院の打診があったとき、「緩和ケア病棟に転院することを知らせない」ということがご家族の希望だった。すでにその段階で、彼女は周囲の状況を把握できるような意識レベルでもなかったし、それから先、病室から外に出られるようになるとは思われていなかった。実際、救急車で到着した彼女は意識朦朧で、ストレッチャーでどこに運ばれてもわからないような状況だった。その後元気になったあとも病室からでることはほとんどなかったため、彼女は自分のいる場所が緩和ケア病棟だとは知らないはずであった。そこまで彼女に死が迫っていることを悟らせまいとしておきながら、この時期にこの場所で結婚式をすることは、彼女に「病気がよくなって本当の結婚式をする日はこない」「もう余命は短い」ということを伝えることになると思った。だから「誰のための結婚式なの？」と思った。真実を伝えられることより、隠されていた真実に自分で気づく方が、彼女を大きく傷つけることになると思った。ただ自分たちより先に娘が亡くなるというつらい体験をのりこえるにあたって、ご両親にはこの「結婚式を挙げさせることができた」という体験が必要だということも思った。私は主治医として、どちらかを選択することの必要に迫られ、これからも生きていかなければいけないご両親の気持ちを優先した。彼女への罪の意識のようなものが、「誰のための結婚式なの？」という自分の最初に感じた気持ちを封印させたのだろう。今回の「あたかも」のリフレクティングで、主治医として私のロールをとった方が、「誰のための結婚式なのか」と言ったわけではない。私自身が主治医としての私のロールをはなれることができたことで、自由に発言することができるようになり、封印されていた思いを表現できたのだと思う。

今回の「あたかも」症例検討会を通じて、私の中の古い物語が多くの人に共有され、すべての登場人物にスポットライトが当たる形で再演された。語り部の私以外、本当の登場人物を知らない物語なのに、参加者のことばを通して登場人物が雄弁に語り出したこと、私も自分の立場を離れ、自分の思いを自由に発言することができたことに衝撃を受けた。過去にも事例検討会で、自分の経験した事例を発表し、多くの方々の意見を聴くことはあった。そこで発せられるのは、第三者としての批判や賞賛であり、どこか事例を発表する側と温度差のあるものであった。いつも「そうは言っても……」という反論を感じていた。今回の「あたかも」では参加者も「自分の物語」としてパラレルチャートを聴くことになり、そのせいか発せられる言葉に温度差は感じなかったし、すんなりと入ってきた。逆に事例の当事者である私自身は、自分のロールを降りることで、「自分以外の物語」の観点で全体を眺めることができるようになり、自分の思いを自由に語ることができた。プレゼンターの温度が少し下がり、参加者の温度が少しあがることにより、お互いの距離感が縮まり、濃密な事例検討ができているように感じた。

今回は過去の事例であったが、これから出会う患者さんについて、自分の視座を離れ、患者さんや関係者それぞれの立場でみることを教えていただいた、貴重な体験となった。

9・6 アウトサイダーウィットネス

経験の近さを拠り所に真摯に臨床を続けてきた人の言葉がここにはある。私は、彼女の原稿の考察部分を翻訳し、リタ・シャロンにメールした。パラレルチャートを「あたかも」でひらくという試みをしてみたのだと。彼女からは、以下のコメントが返ってきた。

命を吹き込まれたかのような何かを書きとめた点で、この考察は素晴らしい。彼女は、事実とフィクションが共存する変容状態を描写し、自分自身がビジョン、時間、場所、そして真実に関する最高の司令官であることを確認している。私は、彼女が言及している物語の全体を知っているわけではないけれど、物語がどんなものであったかを想像することはできる。書き手は、物語のいくつかの側面を構成する自由に非常に感動しているようで、空想する作業は彼女の中の深い感情を解き放ち、また彼女が誰であるか、そして患者が誰であるか、明確なビジョンを提供する。私にはそんなふうに思われる。

(personal communication, 2019.7.17)

貴重な体験となったのは私の方である。パラレルチャートを「あたかも」でひらくなどという誰もやったことのないことに果敢に挑戦されたMさんの勇気に私は感心するし、そこにある信頼に改めて感謝している。

Narrative Means to Therapeutic Ends（White & Epston, 1990／邦題『物語としての家族』）を読んでおおよそ三〇年がたち、ワークショップで「あたかも」症例検討会をするようになってから二〇年、そして緩和ケアチームでコンサルテーションを「ナラティヴに」したいと思うようになってから早十数年が経つ。しかし、この事例に出会うまでナラティヴ・コンサルテーションというコンセプトをリアルに感じたことはなかった。

ワークショップI

第10章——

はじめてのコンサルテーション

10・1 はじめてのナラティヴ・コンサルテーション——ワークショップ当日

それぞれが取り組んできたことを重ね合わせて、ナラティヴ・コンサルテーションというスタイルを提起できないだろうかという話をしはじめたのは、たしか二〇一九年に入った頃だった。その年の五月、ワークショップ「ナラティヴ・コンサルテーション——事例をナラティヴにすること」を二人で企画することで、それは具体的なかたちとなった。

ワークショップでは、ナラティヴ・コンサルテーションの前提になっているナラティヴ・メディスンの視点・実践についてまず解説した。その上で、このコンサルテーションにおいて書くことを重視する契機の一つともなった前年実施の「サポーターズ・ライティング・プロジェクト」の活動[註1]を紹介し、「書くこと×リフレクティング・プロセス」がひとつの基本形として浮上することになった経緯を紹介した。この日のナラティヴ・コンサルテーションでは、リフレクティング・プロセスとして「あたかも症例検討会」の方法を採用することも説明された。

当日コンサルテーションにかけるケースをパラレルチャートのかたちで書き、持参してくれたのは、平栗富美子さんと大杉真輝さんである。

†

あなたの肉体と

平栗富美子

あなたの周りには、たくさんの人がいる。それはあなたがこれまで生きてきて、関わりを積み重ねてきた証だ。

あなたが他人にまめに声をかける姿は、リーダーを務めるクラブの人たちには、「誰のこともフォローする」人と映っている。会社では、最初の職場の上司が「あいつは人に好かれるタイプ」と表現し、次の上司はあなたが人に気を遣う姿を見て「打たれ弱いところはあるが、潜在的な能力を秘めているから大化けするかもしれない」と言って、将来を期待していた。以前の上司の方々はあなたがもっている力を発揮することを願って異動先を探し、今の職場の上司もあなたを評価してくれた。上司や同僚たちとたくさん喋っている今のあなたは、以前にも増して人の中にいるようだ。同期の友人たちとも旅行や飲み会など、様々な交流をしている様子である。

大学院の教授、研究室の仲間とも時々会う機会を持ち、バイト先で知り合った人と今もつきあっている。さらに遡っていくと、高校時代、中学時代の部活の先生や仲間、そのほかの友人たちにもつながっているのだろう。

最初のつながりは、あなたがその中に生まれてきた家族から始まっている。亡き祖父が勉強を教えてくれたことは理科に興味を持つきっかけの一つになった。両親が仕事から帰るまであなたを世話し、慈しんでいた祖母は、今あなたが帰省する大きな理由となっている。同じ両親のもとに育った妹とは、嫌なことも楽しいこともたくさん共有してきただろう。家を出て行った父は、後年あなたを心配し、遠くまで車で迎えに来たり、旅行に誘ったりしている。子供を習い事づけにし、良い成績を取ることを常に求め、感情的になって束縛していた母が自分を産んだことをあなたは恨んでいるが、我慢し、かわいそうだと思う気持ちもあって、母とのつながりを断ち切るには至っていない。

あなたを死にたくなるくらいに苦しめたのは、交際した女性たちとのつながりが永続的なものでなかったことだ。彼女たちはあなたとのつながりに意味を見出し、あなたを必要としていたからこそ、そばにいたのであるが、今は離れてしまった。「自分のことが必要だったならば、なぜ去ったのか」という問いがあなたに残った。

あなたは、「愛した人に必要とされない自分は生きている価値がない」から、「自分が死んでも誰も悲しまない」と言う。実際にあなたが永遠に去ってしまったら、これまでつながってきた大勢の人々が悲しみ、生きているうちにもっと喋り、笑い合いたかったと痛切な気持ちに襲われるだろうに。そしてあなたとまた会いたいと願うだろうに。あなたはそれを信じないが、あなたが生きている間、人とのつながりに意味を見出し、「死別よりも生きているうちに別れるほうがつらい」と言うのであれば、あなたと一緒に過ごしてきた周りの人たちにとっても、あなたが生きていることは大事なことなのだ。

Mへ

大杉真輝

気付けば、無数に舞い上がる桜の花びらの中に、あなたの姿を必死で探していました。

あなたの死から一年。その時、初めてあなたを想って涙が流れました。

それからは、お風呂でも、電車でも、ところかまわず涙が溢れました。

そして、ある日、目をつぶった私の前に、突然、あなたは初めて見る穏やかな笑顔で現れてくれました。

最後に会ったのは五年も前なのに、とても明確な幻影でした。

それはあの頃の泣き叫ぶあなたの姿ではなく。

五年前、私と同い年のあなたは止まらないお酒に苦しんでいました。

ダメだとわかっているから施設の近くのコンビニの裏で、こっそりと缶チューハイを飲んでいましたね。

あなたが望んだ入院まで、あと二日。

「何でこんなに空が青いんだ！」と怒ったり、「神様なんて絶対いないいんだ！」と喚いたり、「助けてよ」と泣いたり、あなたはとても忙しかったですね。

それでも、自分の状況を何とかしたいと願っていたあなたには、まずお酒を止める事が必要でした。

だから、私と当事者ソーシャルワーカーのTは、何とか入院できるようあなたを見守りました。

でも、それは叶いませんでした。

別の当事者スタッフの心ない挑発であなたは暴れ、警察に連れていかれました。

その直前、私に抱きついて泣きじゃくっていたあなたに、「人は何度でもやり直せるから。あなたならできるから」と伝えたのが、私たちの最後の会話になりました。

私はあの日、敗北とは何かを知りました。

そして、私もTも施設を去り、散り散りになりました。

去年の三月、あなたの死を知らせるTからの連絡で、あなたのその後の人生を伝え知りました。

あなたは亡くなる二年前からお酒をやめて、とてもきれいな人になっていた、と。

それを聞きながら、私はどこで泣いたらいいのだろう、と他人事のように思っていました。

あなたの母親は家族だけで葬儀を済ませたいという意向でした。

母子家庭を切り盛りしてきた、強い母親。

彼女があなたの病気を想起させる人々を葬儀に呼びたくない気持ちも理解できました。

Tは自助グループでお別れの会を行うと話していました。

当事者ではない私には、共に泣いてくれる仲間はいませんでした。

でも、私には今、泣けなかった別の理由もわかるようになりました。

あなたの死は私の二つ目の敗北を意味していました。

私は、私の臨床を、あなたたちの人生の終わりまでにどうにか間に合わせたかった。

だから、私は一秒でも早くと必死で頑張ったけれど、結局、追いつく事ができなかった。

この一年はぼんやりと、何かが苦しい日々でした。

でも、私は一年かけて、あなたへの想いに名前をつけることができました。

それは、感謝、です。

今、私は、あなたの幸せを、あなたが会いたがっていた子どもたちの幸せを、そして、あなたを苦しめたあなたの夫の幸せを祈る事ができるようになりました。

今、私は長い夢から醒めたような気持ちで生きています。

あなたが私を育ててくれたから、今の私がいるのです。

だから、天国のMにありがとう、心からの感謝を込めて。

本当は、会って、頑張ったねと言って、抱きしめたいけれど、それはもう出来ないから。


参加者に配布や視覚的な提示はせず、登場人物の一人であるかのような立場で文章を静かに聴くことが、「あたかも」ではステップ1となる。最初の提示者は平栗さんだった。インタビュアー役の小森さんが、この場で自分の文章を誰に聴いていてほしいかとたずねると、あげられたのはクライエントの「母」「父」「祖父」「祖母」「妹」「元彼女たち」「上司」そして「ひろくん」と仮名された本人だった。フロアに集まった三〇名ほどの参加者は、このうちの誰かになって平栗さんの読み上げる声に耳を傾け、聞き終わった後に登場人物ごとに小グループに分かれて、この文章をどう聞いたか、応答や質問を話し合った。

そのリフレクションが伝えられるステップ2では、「父」や「母」はそれぞれの声で息子がこうした生き難さを抱えることへの申し訳なさ、子育てを否定されたような哀しみ、あるいは必要とされないという感覚のなかで生きる辛さへの共感を語った。「祖父」は勉強のよくできる優しい孫であった彼への両親の離婚の影響を心配し、「上司」は彼が仲間のなかでよくやっている姿を口にしつつ、プレッシャーを与えていたかもしれないと気遣う。一方、「元彼女たち」は、最初はやさしくてさっぱりしているところが魅力でも、付き合いを続けるうちになんだか言葉が上滑りして中身がないような気がしてきて「正直つまんない」と容赦なくコメント、「妹」も祖父や父に大切にされてきた兄の、働く母への批判は「甘えている」と手厳しい。会場の黒板には、語られるこうした声が次々に書き留められていく。

休憩をはさんでの後半、登壇してくれた大杉さんに対しても同様に、インタビュアーは文章を聴いてほしい登場人物をまずたずねた。「母」「兄」「ソーシャルワーカーのTさん」「AAの仲間」、クライエントの「Mさん」に加え、この文章の語り手＝支援者「大杉」、合わせて六名の人物が板書される。途中涙ぐみながら大杉さんがパラレルチャートを読み上げると、このうちの誰かになって聞き入るフロアにも、目を潤ませる者がいる。

グループの時間をとった後のリフレクションでは、「母」は自慢の娘であった時期もあったとふりかえり、有名大学を出た「兄」は、自分の存在が負担だったかと気にかけつつ何もできなかった不甲斐なさを語る。「ソーシャルワーカーのTさん」は、もっと大杉さんと何かできたのではないかという悔いとともに、彼女がなぜここまで考えてくれるのかを聞きたいと問い、「AAの仲間」は、大杉さんの乗り越えたかにみえる今にほっとしてエールを送る。「Mさん」本人は、「天国にいます」と語り出しながら、「敗北」ということばが使われたことに驚き、でもそれが最後の感謝にどう移っていったのかに関心をよせつつ、今「好きなように生きている」からと告げる。語り手「大杉」として聴いたグループは、役に立ちたいと空回りしていた自分、縛られ、パズルが狂っていくような時間に追い立てられる焦燥、当事者への突き付けが成長につながるかの見方に割り切れなさがあったことをことばにする。

コンサルテーションの流れとしては、「あたかも」の登場人物たちの声を聞いた上で、インタビュアーの質問に答えつつ提示者が印象に残ったことや問われたことへ応答をする、リフレクションへのリフレクションがステップ3である。平栗さん、大杉さんどちらの時間も、ステップ2のあとにそのプロセスが続いた。だが、録音等をしなかったこのワークショップでは、この部分の記録を残すことができなかった。そんなこともあり、コロナ感染拡大が続く翌年の夏、ナラティヴ・コンサルテーションというこの機会と経験自体へのリフレクションを、わたしは二人に依頼しようと思いついた。

10・2 ナラティヴ・コンサルテーションのその先——一年後のリフレクション

オンラインでつながった平栗さん、大杉さん、わたしの会話は、あのコンサルテーションの後二人に何が起こっていたかを聞き合うことからはじまった。

ワークショップでの事例提示を引き受けてくれる際、平栗さんは、クライエントにパラレルチャートをそのまま渡すかたちで了解を得ていた。コンサルテーションにおいて登場人物になり代わって参加者たちが語ったリフレクションと、それを聴いて自分の中に浮かんだことや応答なども彼女は丁寧にメモに取られていたようで、それもそのまま面接でクライエントに伝え、のちに文章ファイルでも渡したことを教えてくれた。そのなかには「元彼女たち」や「妹」からの辛辣な声もあったことを思い出し、躊躇はなかったかと問うと、平栗さんは「登場人物たちの声は〝決めつけ〟ではなく、〝ありうる声〟として提示されていることを繰り返し説明していたため、ありうる声の一つとして渡してもよいのではと思えた」と語った。

高学歴で頭のいいクライエントが、関係性を外から眺めるのは苦手なようだ、とそれまで平栗さんは感じていたという。加えて、カウンセラーという専門職に相対するとき、クライエントはどこかいい子でお行儀よく話そうとしている、いいかえれば面談の中で必要なことがしっかりと話せていないのではないか、と彼と自分の関係性を危惧する気持ちも存在していた。コンサルテーションにおいてそれまで注目していなかった面が浮かびあがり可能性が考えられるようになったことで、カウンセラーである自分も苦しいという感覚が「ゆるむかんじがあった」と平栗さんは言う。その感覚を根拠に、コンサルテーションの中で生まれた声は、クライエントにも「可能性として」そのまま差し戻された。

例えば、それまで面接のなかでクライエントは、父は自分に無関心だと考えがちだったが、その時は父の声にじっと耳を傾け、声は不思議とそのまま届いている印象があったという。あるいは、母への恨みを語ることが多い彼を前にして、関係性には多様な側面があるはずだというカウンセラーの感触はうまく届かず、平栗さんの視界からも消えがちだった。だが、パラレルチャートを聞いて「母」として語る者たちの声は、「息子の良さをわかってくれない」元彼女を嘆き、「生きる実感がわかないなんて、ごめんね、育て方まちがってた」「あなたなら、できるといいたい」「愛されない辛さってあるよね（私も離婚してるからこそわかる）」と、力強く、率直だった。「母はこんなことは言ってくれないと思う」と言いつつも、違う角度から入ってきた言葉を無視しない感じがクライエントにうまれ、多様な側面がカウンセラーにとっても再び前景となった。

「余裕がなく、ゆるみがなく、拡がりがない」と感じられたクライエントの語り、あるいはそれと並行するように同質なクライエントとカウンセラーの関係性は、コンサルテーションのフィードバック以後なぜか変わっていった。それまで自分で話題に関係がないと判断すると話をひかえるような面があったのに対し、「いい意味で遠慮がなくなって」語りが柔らかくなり、とりまく人間関係を離れたところからみる「距離」が彼のまわりに生まれ、実際に良好な関係をもたらしている、と平栗さんは今クライエントのことをとらえている。

一方、「コンサルテーションはリスタートのための時間だった」というのが、この日の大杉さんの第一声である。彼女がコンサルテーションに提示してくれたのは、終結とも言い難い終わり方をした、臨床に携わる者であれば、誰もがいくつか心の底に沈めるような「特別なケース」でもある。これを文章にし、リフレクションをし合う経験を経て、「ケースに対して気負わなくてよいと思える、気負わない行動が実際にとれる」場所へと移動した感覚があるという。それはコンサルテーションだけがもたらしたというよりなんらかの「自分の〝時期〟と重なった」のだとも感じつつ、「思い入れや使命感で五年間やってきて」の行き詰まりや自分の囚われから「ラクになった」、「一つ一つ味わって」「ゆったり学べばいいや」と考えるようになったと大杉さんは話してくれた。

一対一の面接での気負いがなくなった点について、大杉さんは面白い言い方をする。リフレクションのなかで、Mさんに厳しかったはずの「母」の声は、「大事に思っている」「(自分が)至らなかった」と告げていた。母親というものが、その実際がどうであれ、そうした感情を抱きうることは、知的にはいくらでも想像、理解できるはずなのに、一対一での面接ではしばしばそこに「気づけない」、その「気づけなさに、コンサルテーションでは気づけた」と大杉さんは言う。しかも、その「気づけなさ」があるということが、無力や失点ではなく「気づけなさの可能性」として届いたのだと彼女は語る。ナラティヴ・コンサルテーションのなかで、複数の声が様々なことを伝えるとき、大杉さんには「自分に響くところだけを受け取る自由」があったという。そうした「可能性」と「自由」の感得は自分がなす面接にも跳ね返り、「ちゃんと聴くべきところを聴かなくては」とか「何か決定版を行うべき」といった強張りを解いていった。

コンサルテーションのなかで、「自分の考えていることと違うことを、しっかりと他者の声で聴くのは、それが実際に〝ある〟ということを体感する」ものだった。それは、例えばクライエントが「楽しくない」と言ったとき、「何か楽しいことがあるはずだ」と探るのではなく、楽しくないことをしっかりと聴こうという構えにつながったという。クライエントを「何とかしよう」、ではなく、そのタイミングがくれば、クライエントの方からポンとでてくる」、それを幾分ゆったりとした姿勢で待てることが、大杉さんにとっては「ラクになった」という変化の意味のひとつかもしれなかった。

企業の健康管理室で仕事をする平栗さんの「結果をだすというディスコース、専門職には違うかかわりができるはずで、それをする責任があるんだということに囚われていた」ということばも、そこに重なっていく。彼女のパラレルチャートには、クライエントに「生きていて楽しいと思ってほしい」という「願い」が書かれていた。それは、直接彼に告げてしまえば「押しつけになる」がゆえに、面接の中では封じられることばである。だが、コンサルテーションがフィードバックされ、「何かしなければ」という「一対一の息苦しさ」をいったん脇においた場所で、文章とリフレクションにふれることを経て、なぜかクライエントは「赤裸々に語るようになった」という。平栗さんの「願い」も、リフレクションのことばもある種「赤裸々」であり、直接それを向けられてしまえばおそらく身を固くするほかないことばである。にもかかわらず、距離と時差をはさんでふれたその「赤裸々」は、「赤裸々であることを怖れなくてもよいという感覚」を、あるいは、その「赤裸々」を留め置き、許容するスペースを、面接のなかにうんだのかもしれなかった。

三人の会話は、最後に平栗さんが語ったイメージを味わうように共有し、けれども明確な説明とはならない——しない——ままに終わった。

「面接では、いろんなものが横にころがっている。可能性が浮かびあがり、それとともに新しい自分が浮かび上がってくる。可能性が自分の方から浮かんでくる」

可能性は、深く埋まり力業で掘り起こすべきものではなく、リラックスして脇でくつろぐ何かかもしれなかった。強引に声をかけなくても、気づけば自ら身軽に立ち上がり、そのときともに浮かび上がる誰かがいる。新しい自分とは、クライエントのことだろうか、それともわたしたち自身のことなのか。捉えきれないことばに、捉えきれないからこそ、わたしたちは励まされている。

●註

1――「サポーターズ・ライティング・プロジェクト」は、二〇一八年に取り組まれた対人支援職トレーニングのためのクリエイティヴ・ライティングの活動である。参加者は、毎回一二〇〇字程度の文章を作成してセッションに持参、これを音読にて共有し、相互に質問や応答を重ねていくことを繰り返す。一二名の参加者を得て、以下のテーマにしたがい四回実施された。

①今日であった患者／クライエントを描写しよう

②写真から物語を……〈ビジュアル・テクスト〉を読む／書く

③物語から物語を……山崎ナオコーラ『美しい距離』（文藝春秋、二〇一六年）から書く

④あなたの人生、君の物語

実践の詳細は、「サポーターズ・ライティング・プロジェクト――オートエスノグラフィーが拓く臨床空間」（「家族療法研究」第三六巻一号、二〇一九年）として報告した。

ワークショップⅡ

第11章——コラボレイティヴ・ライティング

11・1 コラボレイティヴ・ライティングに挑む

本書の大半を書き終えたころ、わたしたち二人は日本家族療法学会大会で「ナラティヴ・コンサルテーション」と題されたワークショップを担うことになった。概要は以下の通り案内されていた。

†

このワークショップは、事例を〝ナラティヴに〟するコンサルテーション、すなわちナラティヴ・コンサルテーションをご紹介し、体験していただくために企画されました。

ナラティヴ・コンサルテーションは文字通り、ナラティヴ・パースペクティヴを前提に、コンサルティの実践とクライエントの利益に貢献しうるコンサルテーションの方法と実践を探求します。〈問題の原因〉や〈事例の本質〉や〈クライエントの真意〉や〈正しい介入〉や〈あるべき支援者の姿〉は探りません。また、事例や状況を一つの結論に導くことなく捉え、拡がりのなかで多様なままに保ち、そこからいかに複数の語り方を生み出せるかに専心します。そして、その中で支援者やチームの、もちろん同時にクライエントとその家族の、手にする選択肢を拡げ増やすことに向かいます。

こうしたコンサルテーションを具体化する上で、柱として特に重視しているのは「書くこと」と「リフレクティング・プロセス」です。午前中の講義では、まず「書くこと」がなぜ必要であり、それに「リフレクティング・プロセス」を掛け合わせていくことにどのような可能性があるのかを中心に、ナラティヴ・コンサルテーションの概要についてお伝えします。

ワークショップではこれを体験する演習として、全員で「書くこと」に臨みます。まずは自分で何か書いてみたいという方、あるいは短時間で書くことは苦手だという方は、「幸福な患者」「幸せなクライエント」というテーマでパラレルチャートを作成しご持参ください。昼食休憩を九〇分とることによって、当日書くことに取り組む時間もとります。今回は特に、コラボレイティヴ・ライティングを実践します。詳細は午前の講義で説明しますが、事前に書かれた文章に上書きする形での協働的な文章作成スタイルに挑戦してみましょう。

午後は、書かれたものの朗読会という形で、ナラティヴ・コンサルテーションの実際と面白さに触れる時間としましょう。ナラティヴなアイデア、これまでとは違ったコンサルテーション、「書くこと」や「読むこと」――そんなことに関心のあるみなさまのご参加をお待ちしています。

†

書くこととリフレクティングをめぐる関心は、この頃二人の間で「書くこと×書くこと」すなわち、コラボレイティヴ・ライティングへと傾斜していた。「幸福な患者」「幸せなクライエント」というタイトルの文章持参をという依頼に、どれほどの参加者が実際に取り組まれるかは未知数だったが、コロナ禍にもかかわらず現地会場に参集した二〇数名は全員、自作の文章を手にしていた。そんなこともあり、初のコラボレイティヴ・ライティングを使ったナラティヴ・コンサルテーションは、真摯で意欲的な雰囲気のもと実践されることになった。

コラボレイティヴ・ライティングとは、複数の著者が協働して論文なり著作を完成させるものである。その方法には参加人数や（担当領域だけでなく発想・精錬・執筆などの）分担の仕方により様々な形があるが、そのエートスはたとえば次のような表現から汲み取ることができる。

この文章を書くことで、特にそれを君に向けて／君のために書くことによって、僕は我が身の悪戦苦闘を深めつつ「テクストの見込み」を探しているんだ。つまり、何かそれまでとは違うことが起こり得る場所となる空間の探索として、君にテクストを送るんだよ。それを君に提供する、メールで「送信」をクリックするとき、僕はそれを期待しているんだ。それは、助けが得られるからではなく、ここで書くことがどこかへ僕たちを導いてくれるだろうからなんだよ。僕たちがまだ知らない場所。予測できない場所のことさ。

(Gale and Wyatt, 2007, p.792)

当日の書きものと共有の様子を、一部紹介してみよう。

幸せな患者(1)　岩永昇三＋阿部幸弘

幸せな患者ver.1　岩永昇三

がん治療を専門にする医師の説明はわからなかったがわかったと言った。いや逆だったかもしれない。手術はしないと言った。しなくても大丈夫だと思った。いや思っていなかったかもしれない。とにかくしないと言った。医師は家族に連絡をし、長年疎遠だった長男は家に帰ってくるように話した。次男もそう言った。大学の学費の払いを途中で止めた次男に対しては悪いという気持ちがいつもあった。離婚してくれなかった妻が持ってくる食事は存外に食べやすかった。小さい頃はかわいく大きくなってからも気にかかっていた長女は電話をくれた。病床に見舞いに来てくれた。結婚して子どももいると聞いていたので孫を連れてくるかと緊張もしたが連れてはこなかった。故郷の病院。十代で故郷を離れ、遠くに遠くにと離れた。人とも離れていった。

離れきれなかった妻子。病は治すことはしなかった。悪い人生ではなかったと言えた。

幸せな患者ver.2

阿部幸弘

とにかく手術はしない、そう医師に告げた。
がん治療が専門の先生だ、説明はよくわかった。
しかし、何もわからなかった。
手術はしなくとも大丈夫だ、俺にとっては。
この故郷を十代の時に出た。
とにかく出たかった。
しだいに遠くへ遠くへと離れた。
出会った人とも、どんどん離れていった。
なのに俺は、その故郷の病院に一人いる。
妻子とだけは離れきれなかった。
言い訳などないが、ただ離れきれなかった。
別れてくれなかった妻の弁当は正直、美味かった。
ずっと疎遠だった長男が、帰って来いと言う。
学費を払ってやれなかった次男には、合わす顔がない。
子供時代のかわいさを、俺は覚えているが、そんなこと
言える立場にない。
娘はやっぱり格別かわいかった。
電話をくれ、見舞いにも来た。

ずっと気になっていたが、嫁いで子どももいると聞いた。
孫に会うなど、この俺がと動揺したが、
娘はひとりでやってきた。
それでいい。
手術はしなくとも大丈夫だ。
病を治す必要はない。
離れきれなかった俺の家族に、
大丈夫だとだけ告げよう。

阿部さんのリライト意図　ver.1を読んだ瞬間、詩的なものを感じました。もともとリズム感のある無駄のない文体で、その簡潔さの中に〝充実した孤独〞のようなものを、ふと嗅ぎ取った気がします。それで、思い切って詩にしてしまおうと考えました。すると、一人の男の主観から再構成することになり、自然と事柄の順序も変わりました。一人称の「俺」は、リライト作業の中でほとんど意識しないままに立ち上がってきました。

リライトへの岩永さんのコメント　私は代名詞のない一人称でこの話を書いたが、阿部さんはそこに〝俺〞という代名詞を与えた。病床で男性が自問し人生を振り返る。阿部さんは、その男性の孤独の中に、どこか〝満たされた孤独〞があると表現した。私は腹に落ちる感じと胸がざわつくのを同時に感じた。リフレクティングというのはこういうことを言うのだろうか？

幸せな患者(2)

植村太郎＋赤津玲子

幸せな患者 ver. 1

植村太郎

その女性は、交通事故による頭部外傷に起因する高次脳機能障害との診断で、長らく脳神経外科に通っていた。注意力の低下が彼女の一番の困りごとで、ついさっきしたことを忘れてしまうし、電車なんかで大事な物を置き忘れて、パニックになることをくり返していた。

転居をきっかけに、彼女はその脳神経外科からうちの病院の精神科に紹介されてきた。その時点で、彼女は就労移行支援センターに通所していた。事故以前、彼女は出版社に勤務し、雑誌編集の仕事をしていたのだが、それは無理でも、できるだけ早く社会復帰したいと考えていた。

絵に描いたような努力家の彼女は、しばらくして、うちの地域で知らぬ者のいない、とても有名な公共企業体に職を得た。障碍者枠での雇用だったからだろう、最初彼女に与えられた仕事は、シンプルなものばかりだった。

注意力の低下は続いているので、ミスは起きる。が、彼女の仕事に取り組む姿勢は上司に評価され、気がつくと、彼女は社内報の編集を任されていた。自分で記事を書き、インタビュアーとして社内外を飛び回り始めた。

彼女は結婚していて、この頃妊娠・出産を経験し、母親として子育てにも奮闘していた。診察時には、自分が職場や家庭でいかにうっかりミスが多く、周りに迷惑をかけているかを力説した。

彼女は診察の際、カラフルに細かい文字や数字が書き込まれた分厚い手帳を開きながら、自分がいつどんな失敗をやらかしたか、詳しく報告した。また、スケジュールが詰まっていて、仕事や普段の生活からどんどん余裕が失われているとも訴えた。

彼女は小さな娘と過ごす時間をもっと持ちたいと願っていた。家事もちゃんとしたいと話した。仕事のミスも減らしたいと思っていた。社内報の成功で、新たに担当することになったFacebookの自社のページをもっと充実させたいとも考えていた。

あのさ、それ全部できると思ってる?「働き方改革」って知ってるかい? 君は本当によく頑張ってるよ。

幸せな患者ver.2　赤津玲子

私は主治医から一つの薬を提案された。

それを飲むと、一週間、昼間だけ私が二つに分かれて、一人の私は会社に行って仕事をこなす、本来の私は家で子どもと過ごせるらしい。変なの。大好きな先生の勧めだ、試しに飲んでみることにした。

いってらっしゃい。もう一人の自分を送り出す。子どもと過ごす時間は楽しい。鍋を火にかけているのを忘れたり、買い物リストをちゃんと書いているのにお醤油を買い忘れたり、失敗は相変わらずだ。でも、今のところ誰にも迷惑はかけない。誰も自分を責めない。バタバタしている自分がおかしいくらいだ。何をやっても人の倍かかるんだよなあ、私って。

夕方、ふと手帳を見たら書き込みが増えていた。もう一人の私、やらかしてないかなあ、ちゃんとメモしてるかなあ。

おかえり。私は一つに戻る。でもバタバタしない。今日は一日中娘と一緒に過ごしたし、誰からも責められるようなことはなかった。

毎日、夕方気になって手帳を見ると、書き込みがどんどん増えていく。なんかすごいなあ、もう一人の私、頑張ってるじゃん、すごいよ。

薬の効き目がなくなった8日目、私は娘に頑張ってくるね、と声をかけ家を出る。そこからはもう、一気にいつも通り。あれもこれも忘れないようにメモを取って考えて。この一週間のことなんてすぐに忘れてしまった。

ただいまー。あー、疲れた。あれ？ 何かおかしい。もう一人の私が、ニコニコとお帰りをいってくれているようだ。そっか、もう家なんだ。失敗しても何とかなるわ。肩の荷が下りた。娘の笑顔につぶやいた。こんなママでも許してね、ほんで、よろしくね。

植村先生、あたし頑張ります！

赤津さんのリライト意図　小さな娘という表記だったか、ver.1の中で、子どものことに一言だけ触れていたことが引っ掛かり、この話に展開したのだと思います。また、不思議な薬ですけど、植村先生は医師なので、こんな薬があったらきっと先生が思うように、この女性に少し何かいいことが起こるかもしれないなあと思いました。

リライトへの植村さんのコメント　赤津さんのリライトを読ませて/聞かせてもらったおかげで、私は自分がこのケースを取り上げた理由がわかった。わかったと言うか、思い出した感じに近いかな。この患者さんは、訴えの表現形こそネガティブなのだが、根はポジティブな女性だ。少なくとも私にはそう見えていた。オリジナルのパラレルチャートでは上手く再現できていないが、ポジティブであり、少し「天然」が入っている。なので、彼女の発言や仕草はどことなくユーモラスに感じられていた。別の言い方をすれば、彼女のキャラの向日性が、ともすれば現状や今後の見通しに関して悲観的になりそうな私を支えてくれていたように思う。それがこのケースを取り上げた大きな理由だし、赤津さんのリライトがそれを思い出させてくれた。それと、赤津さんのリライトに驚かされたのは、オリジナルでは触れていない、実際に患者さんがやらかしたミスや失敗のエピソードが出てくるところだ。それはまぁ予想可能なものだとしても、患者さんが薬を飲んで「家にいる自分」と「仕事に行く自分」に分かれるという発想には舌を巻いてしまった。最後にそれが融合するかのような展開だったと思うが、正にそんな感じで彼女は回復して行ったのだと認識を新たにすることができた。

11.2 あらためて、書くことが探求であるということ

「書くこと」とは、オリジナルのない反復というわたしたちの存在の仕方をめぐる比喩であり（第14章）、他方もちろん、実際に書くことは経験や状況を——臨床の文脈に戻せば事例を——拡げる作業でもある。だから、コラボレイティヴ・ライティングが大きな跳躍になるだろうとは理解していたつもりだった。とはいえ、「書くこと×書くこと」の形式で展開するナラティヴ・コンサルテーションが、ここまで面白いプロセスになったのは、うれしい想定外だった。

一組目の「幸福な患者」は、そもそも岩永さんのパラレルチャートの魅力が群を抜く。一人称は省略され、状況は細かく説明されない。その余白が、わたしたちを上書きへと引き込む。故郷からも人からも「遠くに遠くに」離れていったこの人の「悪くはなかった」人生。それを「幸福な」と形容する支援者のまなざし。至るところにある隙間が、耕されるべき土地となる。

阿部さんの耳は、そこから〈ある声〉を聴きとる。「俺は」と語りだすその声だ。「妻が持ってくる食事

は存外に食べやすかった」は「妻の弁当は、正直美味かった」と言い換えられる。そのより直截な声は、岩永さんの文章から阿部さんが聴き取ったものだ。その率直さは、患者のなかに確かにあった〈かもしれない〉なまめいた声であると同時に、死を前にしつつあるとき、強張りを解いてただそこにあるしかないわたしたち共通の脆さを、どこか映してもいる。

続く二組目の文章でも、植村さんが主旋律として鳴らすのは、高次脳機能障害で困難やあせりや不全感を抱える患者の姿である。最後の二行の破調が、見守る医師の温かさと困惑を伝える。だが、赤津さんは、日常をコントロールし、対処しつつ達観しつつ、力強く生きる女性のもう一つの声をそこから掬う。コラボレイティヴ・ライティングとは、常に先立つ文章への応答を含んでいる。二つ目の文章は、植村さんの文章の最後の二行に明るく応えつつ、応えることを通してこの女性自身がもっている力を確認していく過程になっている。

肝要なのは、阿部さんにせよ、赤津さんにせよ、それは声の捏造ではない、ということだ。元々の文章に潜むかけらを拾い、細部をクローズアップし、低く聞こえる底音のボリュームをあげ、そこに確かにある「可能性」が、次なる文章において拓かれていくのである。

ワークショップで取り組まれたコラボレイティヴ・ライティングは、この二組以外のいずれも素晴らしいものだった。それぞれに多様で異なりつつも、上書きされた文章が、より「近景」「地声」「皮膚」に近い感触をもつ印象が共通していた。おそらくそれは、支援者が患者・クライエントを描く第一稿としてのパラレルチャートでは、配慮、慎重さ、遠慮深さといった必然的で倫理的な「距離」が自ずと伴われるからなのかもしれない。だが、にもかかわらず、そこに否応なく含まれる吐息や肌の匂いのようなより触感的で直な何かを、自らも支援者である読み手＝次の書き手はしっかりと聞き取る。ただ確実に受け取るだけではなく、「読者の悦びは、作者の悦びよりも大きいと思います。読者はいかなる苦しみ不安も感じる理由がない。悦びを求めるだけなのですから」（Borges, 2000／邦訳一四六頁）という場所でそれを聞くことができるのだ。だからこそ、〈私のことだが私のことではない〉その上書きのなかで、その何かを復元することにおいて、読者であった作者はより自由に大胆になる。

二例の文章は、いずれも「病む人」をめぐるものだった。『病むことについて』のなかでバージニア・ウルフは、たとえば次のように書く。

一人一人の道には原生林が、鳥の足跡さえも見つけられない雪の広野が横わたっているのだ。ここを私たちは一人で歩み、だからこそその道がより好きなのだ。つねに同情され、つねに同伴され、つねに理解されたら耐えがたいだろう。しかし、健康なときには、親切なふりをしなければならないし、努力——伝達し、文明化し、分かち合い、砂漠を耕し、原住民を教育し、昼間はともに働き、夜はともに遊ぶ努力——はくり返されなければならないのだ。病気になると、こうしたふりは止む。ベッドが必要とされるやいなや、あるいは椅子の中でいくつもの枕のあいだに深く身を沈め、もう一つの椅子の上に両足をのせ地上より一インチ高くするやいなや、私たちは正義の人々から成る軍隊の兵たることを止める。脱走兵になるのだ。正義の人びとは戦いにのぞむべく行進する。私たちは木片とともに流れの上を漂う。枯れ葉とともに芝生の上をあたふたと漂う。無責任で、無関心で、ここ何年来おそらく初めて、あたりを見回し、見上げ——たとえば、空を見つめることができる。（邦訳七九‐八〇頁）

脱走兵の声を聞き息遣いを感じることができるのは、同じく脱走兵であるものだけだ。書くことのなかで、支援者もまた「正義の人々から成る軍隊の兵たることを止める」ことができる。書かれたものが上書きされればされるほど、それは「漂う」。書きながらわたしたちは「無責任で、無関心」な脱走兵としての度合いを増し、だからこそ「空を見つめることができる」のだ。
そこで見つめ、見つけるべきものが、患者・クライエントの「本当の姿」などではない、と繰り返すのは蛇足だろう。一つの文章が上書きされ、変奏されていくコラボレイティヴ・ライティングは、文字言語の作業でありながら、どこか口承、伝承という物語のスタイルを受け継ぐ。

物語の享受は聴き手あるいは読者の想像力を梃子にした「ずれ」や「ゆらぎ」を無限に増殖させつつ進行するのである。それゆえ、物語の理解には「正解」も「誤解」もありえない。そして「作者の不在」こそが物語の基本前提である以上、それは反独創性、無名性、匿名性をその特徴とせざるをえないであろう。

（野家、二〇〇五年／六七頁）

口承と同様に、コラボレイティヴ・ライティングもまた、著者 author という権威 authority を手放し、物語は起源にたどり着こうとはしない。聴き手、読者でもあった第二の書き手は、第一の文章にあるものを受け取る。そして受け取ったものから、再び書きはじめる。更新であり探求であり創造であるその過程が描くのは、真実ではなくオルタナティヴであり、別バージョンである。けれども、それは、空虚な夢想ではなく、層を増して多声に支えられるリアリティでもある。この書きもののプロセスでわたしたちが出会うべき患者／クライエントの個別性 individuality とは、起源 origin を核とした独創性 originality ではなく、物語が一回ごとに切りだす、儚く力強い〈そのようでもありうる〉像である。
感染症拡大蔓延に配慮を求められた夏、現地に身体をもって集い、書き、声にだして読み、聴き合ったワークショップ。書くこととそれを内包するナラティヴ・コンサルテーションがリアリティと可能性の探求として成り立つ景色を、わたしたちは静かに眺めていた。

第12章

ジョン・ウィンズレイドとロレイン・ヘツキ

ナラティヴ・セラピーの入門書として本邦で最も読まれているのは、アリス・モーガンによる『ナラティヴ・セラピーって何?』であり、そこには一二の会話が提示されているわけだが、そのうちのひとつ「リ・メンバリングする会話」を自らの治療実践のほぼ唯一の基盤に据えたのが、ロレイン・ヘツキである。「リ・メンバリング re-membering」とは、「リ」と「メンバリング」の間の「・」から想像される、「思い出す」と「再びメンバーになる」のダブルミーニング。その二つの行為を通してオルタナティヴ・ストーリーを分厚くする。彼女の実践領域が悲嘆というごく限られたものであったこともその理由のひとつであろうが、彼女と同じ領域で働くナラティヴ・セラピストで彼女と同じことを試みた人はいないわけだから、これは特殊なことと言わざるを得ない。言うならば、彼女は、マイケル・ホワイトの技術を自らの理論へと昇華させたわけである。この二人のあいだにどのようなナラティヴ・コンサルテーションがあったのかは想像する術もないが、そこにはもうひとり重要な人物が関わっている。ジョン・ウィンズレイドである。

12・1 ジョン・ウィンズレイドの悲嘆

——死とその友である悲嘆は、私の人生にも何度となく訪れた。もっとも強烈だったのは、二二年前の、五か月の娘ジュリアの死である。それは私にとって、決定的な出来事であり続けた。他の家族も亡くなりはしたが、ジュリアの死ほどの困難をもたらすことはなかった。彼女は、時がたってもずっと私の記憶の中に生き続け、私の人生に、あるときには驚くような方法で登場するのである。ジュリアの死を経験したことにより、私は、従来の悲嘆理論と少し気まずい関係にあった。職業人として、悲嘆に苦しんでいる人々をカウンセリングするとき、私の自由に使える道具はそれ以外になかったわけだが、自らの仕事においてそういった考え方を提供することで、私はしばしば空しい感情に煩わされた。

ところが一九九三年に「再会」と題されたマイケル・ホワイトの論文をはじめて読んだとき、ようやく私は合点がいった。それはまるで、一連の経験や職業上感づいたことが一挙に列をなし、私の既存の知識から去っていくかのようだった。それは、他の領域で経験したことのあるようなゆっくりとした視点の変化ではなかった。

それ以来私は、自分自身の人生でも、カウンセリングや教育という職業上でも、悲嘆について考えるときに構成主義の視点を取り入れるようになった。二〇〇一年一月に母が亡くなったときには、この考えによって、母の死という経験がいかに人生を肯定するものになるのかを実感した。母を思い出すことが、私にとって喜びの源であり続ける。これは、私には何の喪失感もないとか、母が今も生きていたらよいのにとは思わないということではない。母を悼むことは私にかなりの影響を及ぼしたが、それでも全体としてみると、さほどつらくはなかったのだ。

(Hedtke and Winslade, 2004／邦訳八頁)

カリフォルニアの臨床教育者ウィンズレイドと娘の死。しかしこれだけでは、いかにも私的体験が自らの臨床を変えただけのことに聞こえるかもしれない。ひとつ生々しい彼のエピソードを追加しておこう。

私は、娘の死後、この点(愛する人は死後何年も人々の人生の一部であること)において非常に教訓的だと思える経験をした。ジュリアが亡くなって数か月、苦痛に満ちた日々を送っていた頃、クリスティーンと私は、どうにもじっとしていられなくなった。結局、ニュージーランドでの生活に耐えられず、イギリスを目指したのである。私たちはイングランドとスコットランドを旅行し、スコットランドで、七〇代のある夫婦に会った。その夫婦は、ニュージーランドでの友人の両親だった。二人は私たちをとても手厚くもてなし、三日間も私たちをあちこち案内してくれた。彼らと別れる日の晩、私は二人に、私たちの娘が死んだことを知っているか訊ねた。それが、私たちがここに来た経緯の一部であることも説明した。そのときまで、私たちは、それを口に出していなかったのである。二人は、娘からの手紙や話の中でジュリアの死のことを知っていたと言った。夫は、それが私たちに滞在していってほしかった大切な理由だとさえ言った。そのとき、彼の目は潤み、四〇年前に娘を亡くしていたことを語った。彼がそう打ち明けたとき、彼の妻は涙をじっとこらえていたが、夫が娘の死について説明しだすと、部屋を出るよりほかなかった。このときの私の経験は、深く心を動かすものだった。そのときには十分に理解していなかったのだが、そのストーリーを聞くこと、そして、この二人が娘の死後四〇年たった今でさえも、そのことで感情を揺さぶられるのを目の当たりにしたことによって、私は限りなく救われた。まるで、彼女は今もなお、彼らの人生に存在しているかのようだった。私がそのときやすらぎを経験したのは、自分がジュリアを自分の人生から抹消しなくてもよいのだと励まされたように感じたからだったとはいえ、これは後知恵である。いずれにせよ、この人たちが娘の死後何年経ってからも心の中に娘の存在をありありと感じることができるのなら、私にだってできるだろう。この考えは、その当時差し出されたどの考えよりもずっと慰めになるものだった。強い喪失感のまっただ中で、私は、失われていないもののストーリーどころか、生き生きしたままのストーリーを頂戴した。四〇年先も、自分の人生にジュリアの存在を感じ続け、ジュリアの存在が私の人間関係に影響を及ぼすところを想像できたおかげで、彼女の死に伴う苦痛や耐え難さはずっと和らいだのである。

（同書／邦訳一二〇‐一二一頁）

このような個人的体験に支えられた臨床感覚をもつ彼は、以下のようにしてヘツキと共同作業を始める。

ロレインに会ったとき、この領域での彼女の仕事、および同じ方向性を共有している感覚に、私はすぐさま惹きつけられた。出会って間もなく私が彼女をジュリアに紹介すると、彼女は滅多にない温かい関心を向けてくれた。私は、彼女の実践ストーリーを聞くのをずっと楽しんできた。彼女の仕事は私の心を動かし、私の考えを刺激し、この仕事をさらに進めるよう私を元気づけてくれた。本書を占めるのは、ロレインの仕事からの多くのストーリーと、私の仕事からの少しばかりのストーリーである。彼女の経験が土台になければ、私はこの企画を引き受けられなかっただろう。私たちの書き記したものは、実践報告に留まらない。私たちは何時間もかけて、ここに描かれた仕事について話し合った。それらの会話こそ、本書の執筆にとって極めて重要なものだった。

（同書／邦訳九 - 一〇頁）

12.2 ロレイン・ヘツキの悲嘆

ロレイン・ヘツキは一九八五年に大学院を修了し、ソーシャルワーカーとして開業するが、すぐに社会構成主義的思想を促進するシンクタンクであり学びの場であるアリゾナ州フェニックスのインスティチュート・フォー・クリエイティヴ・チェンジのスタッフとなる。『人生のリ・メンバリング』上梓までの二〇年ほどでナラティヴなグリーフセラピーが醸成されたわけである。研究所で湧いてくる新鮮な考えは、灼熱の砂漠を冷やす霧雨のようだったという。彼女には、ウィンズレイドほどの圧倒的な死別体験はないようだ。しかし、死別について独特の実践がなされているであろうことは、以下の娘の言動から明白である。

私にはアディソンという一〇歳の娘がいて、彼女はしばしば祖母の話をする。娘は、二人の関係や、どんなにおばあちゃんのことが好きか話す。彼女は、眠るときには長年おばあちゃんのお気に入りの歌の助けを借りていたし、「おばあちゃんのパンケーキ」を食べるために起きてきた。……祖母とアディソンの結びつきは、その関係が娘に貴重な遺産とコミュニティ感覚を与えたという意味では、多くの幼い子どもたちのその類の関係として典型的なものだろう。とはいえ、その結びつきの何が違っているかというと、アディソンと祖母は直接会ったことがないということである。アディソンの祖母

は一九七八年に亡くなったのだが、それは彼女が生まれる一五年前のことである。（同書／邦訳一二四頁）

「知情意」という言葉があるが、ことナラティヴなグリーフカウンセリングにおいては、マイケル・ホワイト、ジョン・ウィンズレイド、ロレイン・ヘツキがこの順にそれぞれの次元を後押ししたのではないかと思わせる。

12・3 ホワイト、ドゥルーズ、アイオーン

二〇〇七年四月四日ホワイト他界の数日前、最後の晩餐になったのは、ヘツキとウィンズレイドに招かれたカリフォルニアでのワークショップの打ち上げの席だった。そのワークショップ、レストラン、そして病院での有り様が二人によって報告されている（Hedtke and Winslade, 2007）。遺族ケアを専門とする二人が主催するワークショップで倒れたことはなんとも象徴的であるばかりか、ホワイトはそこで同席者たちへ近況報告を求め続けたという。実はこの報告の様式自体が一風変わっている。ワークショップ、レストラン、ホワイトが運ばれた病院の三か所の様子が入り乱れ、どれもが現在形で書かれている。なぜ、そのようなわかりにくい記述の仕方を彼女たちは選んだのだろうか。

少し先を急ぎ過ぎたようだ。ゆっくり書こう。ホワイトは、悲嘆のケアに取り組む二人に招聘されたワークショップ後の会食中に倒れたが、そこでドゥルーズの哲学の重要性について大いに語っていたという。つまり、ヘツキとウィンズレイドの著作、二〇〇四年の『人生のリ・メンバリング』と二〇一七年の『手作りの悲嘆』の間にはこの〈遺言〉がある。その最も特徴的なものがドゥルーズの時間概念、アイオーンであろう（Deleuze, 1969）。

『手作りの悲嘆』にはドゥルーズへの言及が六回登場する。その中心は、死にゆく人ないし遺族の時間感覚の取り扱いにある。ドゥルーズは時間についての思考方法を二つ抽出している。ひとつは「クロノス」と呼ばれる、時間を秒、時、日と同様、過去、現在、未来に分割されたものとして考える慣習的方法である。もう一つは、ドゥルーズが「アイオーン」と呼ぶ感覚、論理、言説である。この論理において、過去、現在、未来は、狭く分割された範疇に区別されず、流動的で互いに逆流し、順流する。過去は現在の中に流れ込み、未来は今の中に含意される。第七章では、死が私たちの通常の時間感覚（クロノス）を遮断する方法と、死が私たちをアイオーンという異なる時間世界に投げ込む方法が探求されている。

たとえば、先述の二〇〇七年のホワイト追悼論考で、三つのエピソードが全て現在形で書かれているのがこのアイオーンによる語り口である。アイオーンという時間の読みは何かという問いに彼女たちはこう答える。「まず第一に、それは多くの言語において、さまざまな動詞の形で認識され、表現されている。不定詞 infinitive の形の時間は、現在、過去、ないし未来のための印とはならない」(Hedtke and Winslade, 2017／邦訳二二二頁）。結局ふたりは、アイオーン感覚をどのように利用するのか。

最初の一歩は、遺族に大切な故人の当時の人生についての会話に入ってもらうことである。私たちは、以下のような質問でグリーフカウンセリングを始めるのが好みである。「亡くなった人のことを話してください」「その人たちを私に紹介してください」「どのように彼らをリ・メンバリングしているのですか」「彼らを知っていることは、どんな感じですか」「あなたの思い出において、彼らのどんなところが際立ちますか」。このような質問は、さようならを言うための招待ではない。むしろ、誰かを記憶の中で生き生きさせ、「もう一度、こんにちわを言う」ための招待状である。それは持続感覚を具現化する。過去が現在に流れ込むように、それがいかに意図的に構成されているかに注目してほしい。過去という時制へ大急ぎで移動しようなどと主張しているのではない。読者の中には、このような語り方は「非現実的」だという方さえいるだろう。私たちは、現実的とされるものがクロノスの視点からしか表れないとされるのであれば、それにも同意しよう。しかしながら、アイオーンの視点からすればこのような語り方は了解可能なのである。（同書／邦訳二三六頁）

12・4 逃走線をたどる

ウィンズレイドは、二〇〇九年発表の「逃走線をたどる――ジル・ドゥルーズの哲学がナラティヴ実践に与える影響」をこう始めている。

治療実践が適切で生き生きとしているためには、それが刷新され続けなければならないし、記述し直されねばならない。カウンセラー、セラピスト、クライエントの生きている人生状況が絶えず変化し、その人生状況を支配する言説も決して一定ではないがゆえに、この継続的刷新は必須である。セラピーが適切であり続けるためには、私たちが生き働く世界で起きている事柄に関する最も洗練された分析を提供し続ける必要がある。（Winslade, 2009）

ドゥルーズによって、ナラティヴ・セラピーはどのように記述し直され、どのような探求領域が開かれ得るのか。端的に言えばそれは、「人はいかに生きるか」という問いをセラピーに提示する。その問いは、「人はどう生きるべきか」を問う古代ギリシア哲学とは違い、「人はどう振る舞うべきか」を問う実存的指向性はなく、ましてや「人々はどのように生きているのか」という観察者の問いでもない。ウィンズレイドは、ドゥルーズと言説とテクストの哲学者であるフーコーとデリダとの主たる違いを存在論への感受性に見出す。もちろんそれは、創造より発見を、差異より同一性を求める従来の存在論ではない。差異の存在論。

マイケル・ホワイトはフーコーの権力概念を参照しつつ「外在化する会話」を治療実践に導入したわけだが、それと同等の治療改革がドゥルーズからのインスピレーションで得られるのか。得られるとしたらそれは彼のどんな概念によるのか。当然、論考のタイトルから、それが「逃走線」[註1]であることは予想されるが、以下の三つの参照点があるという。①多様体の追求、②同一性に先立つ差異、③歴史の比喩よりも地図の比喩を優先すること。ドゥルーズは、物体も生物も出来事も含むあらゆるものを「解きほぐすべき、また交差させるべき線の集合」と考え、その線の集合をフーコーの権力分析を参照して「ダイアグラム」と呼ぶ。例えば、権力の線はグラフ上の関数の放物線のようにイメージされており、出来事を表現する一連の座標を通り特定の軌跡を描いている。そしてこの線は常に複数であり、常に争われながら人々の生活を創り出している。専門的なセラピーは、このダイアグラムのなかで、権力の線を折り曲げ、別の場所につながる逃走線 lines of flight をたどる必要があるとウィンズレイドはいう。この読み替えは、ホワイトが参照したフーコーとは別の表現をナラティヴ・セラピーにもたらすことができるだろうか。

症例が挙げられているのでそれを読むのが得策だろう。対立を主訴に訪れたジェームズとメリアという若いカップル。五年間の関係の果てに、メリアは、ジェームズが大学で出会った他の女性とEメールで気まぐれなオンライン関係を続けていることを発見し、傷つき裏切られた。ジェームズはオンラインの浮気をやめることには同意したが、彼らは数か月間この問題の意味について争い続けていた。ジェームズが「一線を越えない限り女性と友人になるのは自由だ」と権利を主張する一方、メリアは「容易に許すことができない人」として権力線を維持し、彼の電話とEメールの連絡先を監視する権利を要求することを正当化していた。両者の権力線はどちらも抵抗に遭遇する。そこでウィンズレイドは、これらの権力線をなぞり、交差点の精神的ダイアグラムを形成し、それらの関係における権力関係の影響をマッピングする。すると、ふたりの闘いが多大なエネルギーを必要とし、彼らの関係におけるその他の重要な側面を損なっていたことが明らかになる。一方、この半年間を二人がどうやって乗り切ってきたのかが問われる。どのような関係性のノウハウが希望として彼らを支えることができたのか。彼らの関係の生命と活力の源は何か。このような面接経過は、ドゥルーズ的に言えば、絡まった権力線のどこに逃走線が引けるかであり、ホワイト風に言えば「潜 - 在」による代替的説明の探索である。

その後、ジェームズとメリアはいくらかの活気と驚きを交えて、ふたりの関係の喜びについて話した。彼らは、他の人々がどのように自分たちを見ていたかについて話し、それぞれの家族が自分たちをパートナーとしてどのように支援し、家族に迎えたかについても話した。これらの側面について話すことで、権力闘争の問題は解決しなかったものの、異なる文脈を得て二人はもっと楽しい、間違いなく相互的な関係の側面を思い出した。このような展開は、ドゥルーズ的に言えば、折り畳み、捻り、裾に沿った固定のプロセスを記述する「襞」の隠喩(Deleuze, 1988)であり、ホワイト風に言えば、アウトサイダーウィットネスによる代替的説明の探索である。その後、新たな襞(そして逃走線)を求めて、彼らは、ふたりの関係への信頼と信仰を回復するために何が必要かを探り始めたという。

最後にアイオーンと逃走線の関係について、それはすでにヘツキとウィンズレイドによって以下のように記されている。

むしろ、現在と過去の間のシャープな区別を維持するよりも、アイオーンの論理、過去が現在の中で生きる意味が許される。ドゥルーズによって、死のような出来事がいかにして「アイオーンに沿って延び」るか（Deleuze, p.64／邦訳一二二頁）が語られる。もはや生きていない人は、ある一つの感覚、つまりアイオーン感覚において、私たちの心で生き続けていくであろう。

（Hedtke and Winslade, 2017／邦訳一二四頁）

◉註1——「逃走線」とは何か。『千のプラトー』に初出の概念であるが、その『千のプラトー』のエッセンスを凝縮した『ディアローグ』から少し引用してみよう。「個人であれグループであれ、私たちは諸々の線で作られている。そしてそれらの線には非常に多種多様な本性が備わっている」（Deleuze and Parnet, 2002／邦訳二〇九頁）、そのような三本の線のうちの三番目のものが逃走線である。「私たちを合成する第一種の線は切片的であり、堅い切片性をもっている。例えば、家族‐職業、仕事‐休暇、家庭‐それから学校‐それから軍隊‐それから工場‐それから退職といったように。……私たちはそれよりずっとしなやかないわば分子状の切片性からなる諸々の線ももっている。……第三種の線のような、それにも増して風変わりな線がある。あたかも私たちの切片を貫いて、しかしまた私たちの閾をも貫いて、未知の、予見し得ない、あらかじめ存在しない目的地に向かって何かが私たちを運んでくるかのように。この線は単純で、抽象的である。しかしながら、それはすべての線の中で最も複雑で、最も捩れた線である。それは重力線あるいは敏速線である。それは逃走の最も急傾斜な線である」（同書／邦訳二〇九－二一一頁）

第13章

ペギー・ペンとトム・アンデルセン

13・1 ペギー・ペンという人

書くこととリフレクティング・プロセスをつないだペギー・ペンは、家族療法という世界で強い残像をもたないものの、やわらかな光を放ち続ける存在である。未邦訳だが家族療法周辺の重要文献（McNamee & Gergen, 1999, Anderson & Gehart, 2007, Anderson & Jensen, 2007）には魅力的な論考が採録されているし[註1]、たとえば、ハーレーン・アンダーソンも著書『会話、言語そして可能性』の日本語版序文（Anderson, 1997／邦訳七頁）においても、グーリシャンの業績を讃えたペンの次のような詩をさりげなく引用する。

Come to the edge！　端まで行こう！
No, it is too high！　いやだ、このがけ、高すぎる！
Come to the edge！　端まで行こう！
No, we might fall！　いやだ、落っこちる！
Come to the edge！　端まで行こう！
And we came to the edge,　そこで、私たちは行ってみた。
and he pushed us,　その時、彼はうしろから押した。
and we flew！　すると、私たちは空を飛んだ！

二〇代で映画女優を経験し、詩人でもあったペンが、どのような経緯で臨床の世界に足を踏み入れたのかは不明である。一九三一年生まれのペンは、一九六〇年代当時であれば普通の流れとしてまずは精神分析のトレーニングを受け、その後家族療法へと傾斜する。切磋琢磨し協働した盟友は、一九七六年よりアッカーマン研究所（家族療法創始期の米国東海岸における拠点）で同僚となったリン・ホフマンであった。ベイトソンの思索にひかれたペンは、その理論をストレートに体現しようとするミラノ派にホフマンとともに関心をもつ。八〇年代前半には、アッカーマン研究所に一時席をおいたボスコロ、チキンとともに研究・実践をすすめ、それは彼らとの共著『家族面接のすすめ方――ミラノ派システミック療法の実際』(Boscolo, Cecchin, Hoffman & Penn, 1987) に結実する。この時期の活動は、円環的質問法を未来についての会話に開いていく独自の「未来質問[◉註2] future questions」へと発展していくが、この間、言語はつねに彼女の関心の焦点だった。

一九九〇年代初頭に出会う社会構成主義は、こうしたペン前半の仕事を「構成主義者としての志向性に統合」(Penn, 2009, p.13) しつつ、その後の仕事をさらにオリジナルなものへと発展させていく上で大きな意味をもったことが自著では熱く語られている。現実やアイデンティティがいかに言語的な相互作用によって生み出されるかという視点で面接プロセスをみることは、彼女のなかで「参画的テクスト participant text」の協働創出として臨床をとらえることにつながっていった。言語使用の形式としてなかでも書くことがクローズアップされたのは、同じ時期詩人としての活動を続け並行するように二冊の詩集を世に出していたペンにとって、必然的なことだったかもしれない (Penn, 2001, 2011)。とはいえ、ペンが書くことを土台とした自分のスタイル、つまり「言語とライティング・プロジェクト language & writing project (以下ライティング・プロジェクト)」を構想・推進していく上で、それを決定づけ支えたのは、おそらくトム・アンデルセンとの交流である。

アンデルセンが彼女にとって、単なる家族療法仲間の一人ではなく、特別な存在であり、職業を超えた親友 (best friend) であったことは、著書『つながれた想像力 *Joined Imagination*』の献辞に記されている。もう一方の手でつかみ放さなかった詩作という活動とリフレクティング・プロセスとの出会いが、「参画的テクスト」を創り出すというペンの発想を実践へとつないだのはまちがいないだろう。それにとどまらず、「かつてみたどんなセラピストより、深く聴くことのできる熟達した聴き手」(同書 p.15) であるアンデルセンへの敬意と信頼、そしてどこか同類意識のような共感と友情が、ペンの仕事のみならず人生を豊かにした様子も、著作の端々からはにじみでる。

13.2 アンデルセンからペンへ

ペンとアンデルセンが出会ったのは、一九八二年前後のことである。ホフマン、ペンにミラノ派のボスコロ、チキンが加わり活動していたアッカーマン研究時に、構造的・戦略的スタイルから離れ、ミラノ派に親近感を抱くようになったアンデルセンらが接触を求めてノルウェーからやってきたのだ。リフレクティング・チームがはじまるのはその後の一九八五年であるが、ノルウェーを訪ねたホフマンとペンにその「発見」を高揚しつつ語るアンデルセンの様子は、ペンにも鮮明な記憶として残る(Roberts, 2009b)。頻繁に足を運び合うなかで、互いをコンサルテーションに招く二人の関係は定着していく。

アッカーマン研究所をはなれアムハーストに移ったホフマンは、アンデルセンらの実践を家族療法の系譜学へと投入しつつその明晰さで理論的咀嚼をすすめていった。他方で、ペンはリフレクティング・プロセスの実践的魅力そのものにひかれ、自分の臨床とつながるものを求めてアンデルセンのかかわる現場にも同行するようになる。なかでも、リフレクティング・プロセスの可能性を体感したものとして彼女があげるのは、スウェーデンのカルマで、アンデルセンと現地ソーシャルワーカーのジュディ・ワグナーが刑務所内の受刑者とともに行ったリフレクティング・セッションの時間である。そこでの出来事は、例えば次のように書き留められている。

> 刑務所で続けられるこの仕事のなかでは、受刑者たちの会話に刑務官にも加わってもらおうとジュディとトムは決めていた。刑務官が語り、受刑者に応答し、受刑者の語りの証人になろうとしてそこに座っているような刑務所などほかにあるだろうか。刑務官には、受刑者の話の観察者となる機会が与えられるだけでなく、会話のなかで生まれた話題が収容された人々とトムとのあいだで十分に話し合われた後に、それについて彼らもまた語るためのスペースが与えられていた。収容者と話すときも刑務官と話すときも、同じ考え方がとられるというこの相似性を私は好ましく思った。(Penn, 2009, p.15)

ジュディの男性たちとの会話のスタンスは、それまでとは異なる記述に力を与えようとするものだった。大事なことは、彼女との会話のなかに彼らを留めること、なかでも、話し続けることだった。話しているあいだは、新しいこともこれまでのこともふくめ、かつて自分自身について決してそうは考えなかったことについて探求し応答する自由が彼らに与えられる。彼らは、その状況のなかでは安全だった。

（同書 p.16）

そして、自分のしたことを「覚えていない」という、受刑者によくみられる反応にさえ、リフレクティング・プロセスにおいては十分対応できることを、衝撃とともにペンは目にする。

ジュディは、「つながれた想像力」において、彼（受刑者）と犯罪のシーンのなかを一緒に歩いていくことが可能なのだと示してくれた。彼らは一緒になって、その光景を絵のように眺めながら、その傍らにとどまる。ここでは、記憶に残るそれぞれの瞬間に彼がしたことを正確に見直すことができ、その女性（被害者）の反応をたどることもできる。凍りついたフレームのストーリーを進みつつ、犯罪が起こったことを見据えながらも、では今なら何をしたいだろうか、ということをめぐってアイデアを生み出すことは可能である。彼女がたずねた質問の一つはこうだ。「どこで、どのように、彼はその行動を止めたいのでしょう、そして、どんな違ったことを望むのでしょうか」。かなり居心地の悪そうな様子を一瞬見せつつも受刑者がそこに留まり続けることができるのは、二人で「一緒に」その犯罪を見ているからだ、と彼女は語った。リフレクティヴなプロセスによってもたらされた、責任感、可能性の感覚とともに良心が姿をあらわす、そのような場所に彼らはたどり着いていた。このとき私もまた想像力を彼らにつなぎ、固唾をのんでいた。彼の表情も張り詰め、涙は流れずとも瞳は

濡れていた、とジュディは言った。（同書 p.17）

ベイトソンの「二重記述は、結局は複数記述の比喩なのだということが明らかになった」（同書 p.12）と読みを更新しつつ、自分の面接をいかに「多重記述 multiple descriptions」に向かわせるかを考えるようになっていくペンにとって、この緊迫したリフレクティング・プロセスの場に身をおいたことの恩恵ははかりしれないものだったはずだ。ジュディ、アンデルセンと共有された「つながれた想像力」ということばが、自著タイトルにそのまま採用されたことは、それを象徴しているだろう。

こうした経験を糧にしながら、ペンはアッカーマン研究所においてライティング・プロジェクトをマリリン・フランクフルトらと立ち上げ、その独自の仕事を展開していく。それはクライエントと家族に手紙を書くことを依頼し、セッションのなかで読み上げるという方法であり、しばしばそれにリフレクティング・チームが応答を重ねるというスタイルの臨床実践であった。こうして、書くこととリフレクティング・プロセスは、ペンの仕事においてつながれ、不可欠の土台となっていく。

13.3　ペンからアンデルセンへ

アンデルセンもまた、書くこととリフレクティング・プロセスを折り重ねるこの取り組みを大いに好んでいたことは、彼が亡くなる直前、マージョリー・ロバーツを介してペンと三人の間で交わされたEメール上のやりとりに記されている。自身も治療的対話の文脈で書くことに挑んできたロバーツは、書くことが対話とリフレクティング・プロセスをどう押し拡げるかを、三人の会話から掬いだそうとする（Roberts, 2009b）。

このなかでアンデルセンは、書くこととリフレクティング・プロセスの明瞭なフィット感を指摘している。リフレクティング・プロセスを「間」と「再考」において捉えようとするアンデルセンは、書きものを読み上げること自体が豊かなリフレティング・プロセスであることを認める。書くことは自己または想像された他者との会話であり、人はまず書くためのことばを選ぶ。そして、書き上げたものを声にだして読むことにより、それは話しことばとしてその人自身に還る。そのそれぞれに置かれる「間」や「再考」こそ、彼にとってリフレクティング・プロセスを成立させる要件だからだ。

書くこととリフレクティング・プロセスは、ペンにとっても地続きだった。書きものを共有し、これに応答することについて、例えば彼女は、クライエントが涙のために手紙を読みあぐねる時間を待つことの意味をこう描写する。

> 彼女が泣くことに費やした時間が重要で、私の内的思考と同様に、彼女の内的思考がこの悲嘆の涙のなかで活性化されるとわかっていた。私たちの声は一つになり、新しい会話が生まれ、新しい語り方が生まれるだろうと。それは本当だった。今や私は別な質問をし、彼女は異なる答えをもち、それを与えられた私たちはさらに前進した。誰かが話したり、泣いたり、沈黙していたときに生じる私自身の内的会話の重要性を、このようにして私は学んだ。
>
> (Roberts, 2009b, p.66)

書くことをリフレクティング・プロセスに重ねることで、「間」「再考」そして「内的会話」はより多様に織り合わされ、新しい声がそこに生まれる。複数の自己が描かれ、複数の現実が保たれるそのありようは、「ナラティヴの複数性 narrative multiplicity」というかたちで、ペンの臨床実践の焦点となっていった。

アンデルセンはペンをどう捉えていたのだろう。その印象は、『会話・協働・ナラティヴ』(Malinen, Cooper, Thoms eds., 2012) のアンデルセンのパートにおける彼女への言及からも汲み取れる(同書八五、一〇六、一一五頁)。

ライティング・プロジェクトを「先駆的仕事」として大いに評価し、ペンが自分と同様「言語に専念」していることにふれつつ、人々の中にある三種の声という彼女の着目への共感が語られている。この本のなかでアンデルセンが提示しているケースは、ペンに師事するアッカーマン研究所スタッフをセラピストとし、彼がコンサルタントとして加わったニューヨークでの実践であり、互いの仕事の浸透ぶりも伝わる。先のロバーツが加わった三人のメールのやりとりにおいても、論考のなかに自分の事例提示の分量が多いことを気にするペンに対し、アンデルセンがそのすべてを残すよう強く要望する様子が遺言のように残され、彼女の臨床実践への信頼の厚さがうかがわれるものになっている。

13.4 ペンとアンデルセン

年に一、二度はニューヨークに赴き、ペンのライティング・プロジェクトを支えたアンデルセンのコンサルテーションは、ケース・セッションそのものに直接加わり、インタビュアーともなりながらリフレクティング・プロセスを展開するものだった。『つながれた想像力』の「第七章／声の円環 A Circle of Voices」[註3]は、アンデルセンによるコンサルテーションの実際の様子をそのまま記述する美しい最終章である。アンデルセンによって導かれているのは、ライティング・プロジェクトに参加した二人の男性——ともにＡＩＤＳを発症し余命を告げられたトニーとアンソニーのカップル——のコンサルテーションだった。「円環する声が、死後においてもなお、クライエントのなかに生を拡張する視点を呼び起こす」(同書 p.125) ものとなったこのコンサルテーションを少し紹介してみよう。

九年前の同じ日ＡＩＤＳ罹患を知った二人は、愛し合い互いのケアを担いたいと結婚を決めた。だが、コンサルテーションの時点では、別れはすでに必然かとみえる状態にあった。トニーは死ぬ前に一人になることを望み、関係を変える力をもはや自分がもてるとは考えていなかった。一方、離別は困難だと感じるアンソニーは関係の変化を求めていた。今彼らが別れたらその面倒を誰がみるのかという懸念にも悩みつつ、ペンと同僚は行き詰り、アンデルセンがコンサルタントとして招き入れられた。

その日クライエント二人は、互いへの手紙を携えており、それは声にだして読み上げられた。トニーの手紙には、二人が互いの弱さや欠落から相手を求めてきたがゆえの複雑さと葛藤、結局孤独であり一人で死ぬほかないことへの怖れがつづられていた。アンソニーの手紙には、少年時代の父からの性的虐待と母からも助けを得られずにきた喪失感、そしてその痛みは、トニーが自分を置いて毎夜出かけてしまうたびに繰り返されてきたことが記されていた。そしてなにより、背景をなす彼らの健康状態は、それぞれに切迫していた。

ペンはこのときの様子を、「彼らの関係は、山が切り立った孤島のようだった。そこには耕すことのできる平らな土地はなく、何かが育つとしてもそれは次のシーズンだろう。次のシーズンがあるのかは疑わしかったが。それが、トムと私がその日感じたことだった」と想起する。生と死に直結した緊密な対話は、同席する者すべての心に迫り、「私たちの個人的な過去も続けざまに喚起される。それが、トムに起こっているのを、私は見ることができた。私にも同じことが起きていた」(同書 p.129)。

この時間が、「モデルに従えば、セラピストとコンサルタントがセッションのあとに協議し、セラピストはコンサルタントの新しい知見を受け取り、幾日か後にはそれが家族に共有される」(同書 p.129) といった通常のコンサルテーションとはまったく異なることに留意するよう、ペンは読者に促す。語られたことに応答し合い、自分自身の感覚に厳しい注意を向けつつその語りの部分となっていくような、緻密な聴き方がそこでは求められていた。このコンサルテーションでは、クライエントたちにとってその場が居心地の良いものであることと同時に、セラピスト・コンサルタントのその場にいる能力に関心がはらわれていた。繊細な配慮のもとで意味が生まれるこうした様態を「声の円環」と呼び、アンデルセンとともになす実践が、それを目指し、そこに溶け込もうとするものであることをペンは描写する。そうした状況、つまり「彼らが横になりくつろげるようなことばのハンモックをつくりあげること」がかなっているとき、喪失を正しく受け取ることは、むしろその場にいるものたちのつながりを強める。そこに涙はあったものの、「彼らはどこか幸せそうに見えた」と彼女は書く（同書 p.130）。

それぞれの現実的な心身の状態を確認していく後半の会話のなかでも、アンデルセンは思慮と探求心にみちた質問を投げかける。今はただ眠りたいというトニーに「それは、夢のある眠りなのか、それともない眠りなのだろうか」とたずね、わからないという答えに対して「どちらが、君にとってベストだろう」と続ける。「二人の関係が永遠に続くことは可能だろうか」という問いに、先に死んだ方の灰を後で死んだ者のそれに混ぜるためにとっておきたい、そしてその灰が埋められる場所にアザレアを植えるのだとイメージするアンソニーに対しては、「もし、アザレアの木が歌うことができたとしたら、それは何の歌だろう」と質問を重ねる。そして、最後にはクライエントたちがアンデルセンに向かって「あなたが今考えていることは」と問う。「僕には……ことばが見つからない……たしかに、ここには悲しい……そして、美しいことばがあるような気がするんだけれど」。二人はうなずき、彼らにふさわしい認識と理解に感謝して、コンサルテーションは終わる。

ペンにとってアンデルセンは、「お互いの質問のモードに最大限の敏感さをもちつつその場にともにいることができ、主たる話し手となったもう一方を容易に支えることができる」（同書 p.125）、そんな相手であり存在だった。リフレクティング・プロセスが、「多重記述」や「ナラティヴの多義性」といった彼女の臨床指針を支え、詩人として熟知していたはずの書くことの価値を臨床と結ぶ上で欠くことのできない方法論だったことは確かだろう。だが、アンデルセンとのあいだにあったのは単なる方法論の共有ではなく、調和し、響き合い、溶け合うようにみえながらも消されることなく確かに残るその場の声を、聴き合う時間そのものだった。その存在を賭した濃密な時間は、個々のケース検討や対処を超えて、臨床者自身の耳を鍛え、声を澄まし、音域を拡げる営みともなる。ここには、臨床者が互いを育むというナラティヴ・コンサルテーションの一つの幸福なかたちがある。

13・5 詩人ペギー・ペン

『つながれた想像力』では、各章の内容と響き合うようなペンの詩が、章末に一つ置かれる構成になっている。このコンサルテーションをとりあげた最終章「声の円環」にはこんな詩が最後に添えられている。

五月の夕べ

うちの誰かが芝を　　ある日のことを覚えている
　刈っている　　今と同じに暖かなその時
うちの誰かが詰まった札入れを　　体内時計に刻まれたある日
　　探す
うちの誰かが皿を
　　拭く　　わびしく見捨てられた風
うちの誰かが　　かきたてられる葉たち
犬を連れだす　　芽はまだ固く

うちの誰かが　　青白く
骨格を撮る
うちの誰かがあくびをし　車のドアが閉まるのを聞いた
時計を気にする
うちの誰かが　　バタンと
放射線に曝される　みんなどこかへ行こうとしている
ほんの束の間　　わたし抜きで
与えられた罰

街には
五月の花が咲きこぼれる　わたしもまた
アスファルトの歩道に　　どこかに行こうとしている
さまよいめぐる　　なじんだ窓辺に腰をおろし
次の一歩を探りながら　二度と戻らず

（Penn, 2001, p.88, 2009, p.135）

詩の上段（原文では左列）には、平凡だが満ちたりた家族の情景が綴られる。だが重なっていくことばのなかで、含みとずれは少しずつ増幅する。レントゲンが一瞬骨を浮き彫りにしその内実をさらすように、何気ない日常のなかで不穏や不審はいつもそこにあり、ふいに姿をあらわす。五月の街を歩く足取りは軽く、でも実は不確かな彷徨でもある。それを語る上段の声は、どこか高い所から、冷静さを保って聴こえてくる。

　一方、原文ではイタリック斜体が使われている下段からは、からだの内側からもれるような温湿のある声が、字体の感触と縒り合されて漏れてくる。同じような心地よいある日、でもまわりの気配は固い。わたしと家族のあいだには距離がある。わたしは何かを選び、家族はそれを罰する。それでもわたしは、どこかに向かう。それは、咎められようとも向かうほかないどこかである。わたしは、皿を拭き、犬の散歩にでる場所に留まり続ける。けれども、同時に、二度と戻らない。

　この段組みと字体を活かした詩は、気持ちのよい五月の夕べに、そのありきたりな光景のなかに、いかに無数の声が同時に潜むかを照らしだす。上段と下段は呼び交わすように一つの詩として溶け合い、けれどもそこには——わたしたちには、あるいはわたしたちの生きる世界には——消えさらない別の声が存在していることが明かされる。アンデルセンとのコンサルテーションがそうであったように、それぞれの声は環となって響き合い、何かを力んで伝えようとすることをやめ、ただそこにある。ペンが向かおうとした「多重記述」、ゆるぎなく見据えようとした「ナラティヴの多義性」とは、そのように多としてあるはずのわたしたちのありようとほとんど重なることばなのだろう。それをそのままに差し出して、この詩もただ、そこに置かれている。

◉註1——各書には次のような論考が収められている。

A circle of voices ; in *Relational Responsibility*（McNamee & Gergen, 1999, Sage Pub.）

Listening voices ; in *Collaborative Therapy*（Anderson & Gehart, 2007, Routlege）

Flashbacks in war: a consultation with reflections ; in *Innovations in the Reflecting Process*（Anderson & Jensen, 2007, karnac）

●註2――ミラノ派の円環的質問を土台に、慢性疾患の患者と家族にかかわるなかでペンが独自に展開した「未来質問 future questions」(Penn, P. (1985). Feed-Forward: Future questions, future maps. *Family Process, 24*, 299-310.）は、オープン・ダイアローグとならんで注目されたトム・E・アーンキルらの「未来語りのダイアローグ Anticipation Dialogues」にも大きな影響を与えている。

●註3――二〇〇九年の『つながれた想像力』の第七章「A Circle of Voices」は、一九九九年の *Relational Responsibility* 所収の同名論考に大幅に手が加えられた増補改訂版となっている。

第14章

テクスト・ナラティヴ・臨床

再び「書くこと」をめぐって

14・1 喩えとしてのエクリチュール

あるとき小森さんから、終末期で視力も十分ではない患者が詩なら読みたいと言うのを聞き数編の詩を渡した、という話を聞いた。「限られた時間に限られた視力で読む詩のことばは、どう響くのかしら」と返したように思う。コンテクストからしてこの返答はいうまでもなく、余命と視力が限られた当の患者にとって詩はどのように受けとられるだろうか、と伝えようとしている。だが、ことばは反芻されるなかで浮き上がり、違う意味を帯びて手元に残る。そもそも、誰もが「限られた時間」を生き、広く見渡すにはあまりにも貧弱な「限られた視力」しか持ち合わせていない。そのようなわたしたちにとって、詩とは何なのだろう――。誰かについて語ったことばは、いつしか自分に戻り、ふいに違うことを語りだす。

書くことあるいは書かれたもの、すなわちエクリチュールが、こうしてコンテクストから身をはがし引用・複製され、そのつど自在に意味を纏うことを強調したのはジャック・デリダである。語り手がそこにいて何かを語るという現前の声としてのパロールとエクリチュールを対比させ、エクリチュールに肩入れするかにみえるデリダの素振りが、実はパロールとエクリチュールという二項対立そのものの脱構築であったことは重要である。デリダは、パロールとエクリュチュールという二つのものがあり、エクリチュールの優位性を示そうとしたのではない。言語とそこに立脚する世界が、すべからくエクリチュールの形相をもつことへと目を開かせようとしたのだ。[註1]

この脱構築は、ナラティヴ・コンサルテーションにおいてここまで大事にしてきた書くことについてもそのままつながっていく。確かにまずそれは、方法あるいは活動として書くことの可能性を認め、コンサルテーションに取り入れようとするものだった。けれども同時に、書くこと／エクリチュールは、ことばが世界を捉え再編し続けるありよう、写し取ることばではなく生み出すことばで成り立つ存在の仕方そのものを指す。その含みを臨床に切り結ぼうとする意図が、わたしたちが書くことを推すことの根底にはある。

ことばにいくつかの（複数の・多様な）意味が内在する「多義性」と対比させる意図を明確にもって、デリダはエクリュチュールの様相を「散種 dissémination」と表現した。語り、文章、コミュニケーションが包む言語の――したがって現実の――その生成的な複数性を伝えるのに、「散種」はいかにもふさわしい表現に思える。ことばは、種が散るようにどこかに蒔かれ落ちる。それが、どう芽吹き、何を咲かせ実るかを、予測しきることはできない。言語の内に意味の根源はなく、発する者がそれを固定することもできない。言語の外にある構造がその意味を決めるのでもない。それは散逸するかのように浮遊する動きのなかで、そのズレや差異のなかで、いつも事後的にもたらされ消える。書くこと／エクリチュールとは、そのような「差延 différance」と非直接性をまぬがれない世界を名指している（Derrida, 1967, 1968, 1971, 1990）。

社会構成主義の大波をくぐり抜けた今、ことばと現実をこうした意味の遅延と生成において理解するのはむずかしいことではない。困難や苦悩をほどくことを託され、変化や緩和・回復を志向する臨床の場は、「散種」すなわちエクリチュールとして世界を非決定性のうちに捉えることと親和的でもある。けれども、書くことをめぐる次のような表明は、再び別な角度からわたしたちの足を止めはしないだろうか。

> 「書く」ということは特権的な行為である。書く者は書くことによって表象する。自己を、そして他者を。それゆえ「書く」ことは特権的であるとともに越権的な行為となる――他者の一方的な表象。このとき侵害されているのは他者として一方的に表象される者の権利、なかんずく彼／彼女らの自らを表象する権利である。したがって「書く」という行為、「書く」ことによって他者を表象するという行為は支配の一形態である。
>
> （岡、二〇一九年／六二頁）

ここにおいても、書くことはおそらく比喩に転じていくだろう。他者に向かって、あるいは他者に代わって何かをなそうとすることの越権性は、臨床者をいつも落ち着かない気分にさせる。書かれたものが書き手を超えていくとしても、そもそも書くことは無限の自由のもとに書き手に委ねられているのだろうか。わたしたちは、何を書き、誰を語ってよいのだろう。

ここに還るために、この問いを一時保留にしたまま、少し別なことを考えてみたい。

14・2　ナラティヴというテクストを読む

ウンベルト・エーコ、ロラン・バルト、モーリス・ブランショ、ジャック・デリダらの仕事が大きなうねりとなってもたらされたテクスト論は、作品からテクストへの転換、すなわち書かれたものを作者の意図や志向から解放することに寄与してきた。テクストとは、ストーリーとは相容れない、むしろそれを裏切る細部や声に満ちつつ、書き手を離れて動き出すものの全容である。そこでは、読者の優位、つまり書くことではなく読むことがテクストを生み出すという転倒が起こる。テクストとは、私たちが読みうるもの、意味を見出しうるものすべてであり、「読者の誕生は、『作者』の死によってあがなわれなければならない」（Barthes, 1968／邦訳八九頁）との帰結がもたらされる。

そうだとすれば、人々のナラティヴはテクストだろうか。もちろん、そうだろう。けれども、ナラティヴが物語 story であり、語り telling であるというそのことが、ナラティヴというテクストの扱いに複雑さをもたらす。

テクスト論を臨床に結ぶことで求められるのは、ナラティヴをテクストとして読む構えである。そもそも、クライエント／患者のナラティヴを、ストーリーラインに沿いながら主意や心情を理解すべく読むことについて、対人支援職は訓練されてきた。傾聴とは、ナラティヴをいわば作品として素直に読むための基礎技能に他ならない。けれども、テクストという概念は、メイン・ストーリーや語り手の意図を正確につかむだけでは不十分だと宣言する。そのナラティヴをテクストとみなすことは、ストーリーとは矛盾したり離反したりする動きやあいまいな部分、非一貫性に注意を払い、語り手自身が思いもよらない、けれどもテクスト自体がたしかに告げていることを読むことへと誘う。それは、テクストから作者の（すなわちクライエント／患者の）意識の深層を探ることでもなければ、意味を規定する隠れた構造を拾い上げることでもないし、テクスト自体に備わる固有の意味を同定することでもない。[註2] テクストにどこまでも密着しつつ、かつ、読むという関与においてテクストが瞬時に見せる表情を逃すことのない、能動的で生成的な読みが要請されるのだ。

ナラティヴをテクストとして扱うそうしたスタンスが欠かせないのは、すでにみたように臨床が、しばしば未知、打開、選択、すなわちオルタナティヴへと可能性を切り拓くことを裡《うち》にもつ実践だからでもある。ナラティヴ・メディスンが文学をはじめ様々なテクストの精密読解をトレーニングの柱として強調してきたのは、人々のナラティヴを、ただ作品としてではなく、テクストとして読む能力が必須と信じるからにほかならない（Charon, 2006）。

だが、こうして人々のナラティヴをテクストとして読むことを受け入れる一方で、ナラティヴの語りという局面、言い換えればデリダが棄却するかに見えてエクリチュールに回収した「今ここ」のパロールが、わたしたちを戸惑わせる。語りは、読むか読まないかを選ぶことなど待たずこぼれ、閉じることのできない耳に届いてしまうものではないか。何かが語られる前に、誰かがそこにいるということに、わたしたちはすでに動かされてはいないか。そうした他者という存在の絶対的比重を「顔」と表現するエマニュエル・レヴィナスは、語られたことと語ることをこう区別する。

> 〈語ること〉のこの意味は、〈語られたこと〉のなかで言葉が担う意味と混同されてはならない。近さのうちで他人に対して意味すること。近さは他のどんな関係とも際立った対比をなしており、そうした近さが思考可能となるのは、それが他人に対する責任である限りにおいてなのだが、かかる近さ

を、人間性、もしくは主体性、もしくは自己と呼称することができよう。（Levinas, 1978／邦訳一一九頁）

〈語られたこと〉に至るに先立って、まさにこのような〈語ること〉に至り、〈語られたこと〉を〈語ること〉に還元しなければならない。（同書／邦訳一二〇頁）

他者への「応答 response」という「責任 responsibility」のうちに人を切り出し、クライエント／患者の語りがわたしたちへの応答であり、その語りに対してこちらもまた応答する責任のなかにつねにすでに投げ込まれていることを示唆するレヴィナスのことばは、臨床の場における素朴な実感と通じてしまうところがある。何かが語られる前に、すでに誰かがそこにいるということ――その息遣い、まなざし、身体を前にして、語りを聞くという言い方すらそぐわず、語りにふれると言いたくなるようなそうした時間があること――の感覚はどこか手放しがたい。

だが、「〈エクリチュール〉の概念が〈ランガージュ〉の概念を超え、それを包括［了解］すると確信する」（Derrida, 1967a／邦訳二七頁）デリダにとっては、それらこそマークであり、記号なのであり、その織物としてのテクスト以前に存在する誰か・何かはどこにもない。傷口に消毒液を塗布されて「ああ」と漏れる患者の声は、痛みのしるしから迂闊さへの後悔、あるいは密かな甘えのため息にまで浮遊する源なきナラティヴであり、テクストであり、一瞬出会いすぐに見失うすべてである。[註3]

自己という主体とその現前を否定しても、他者の絶対値化によって結局そこに回帰してしまうレヴィナスを批判した[註4]デリダは、応答について次のように言う。

どんな応答にせよ、それが応答である限り、自分を買いかぶった厚かましさから解放されることはけっしてないだろうが、それはなぜかと言えば、そうした応答が、そうやって他者に対して、かつ他者の前で応えることによって、他者の行う言述に釣り合うことができる、他者の言述を位置づけ、理解し、さらにはその言述の周りに線を引いて範囲を画定することができると自負するから、というだけではない。それはまた、応える者が、同じくらい軽率さか傲慢さとともに、自分は他者に対して、かつ他者の前で応えることができる、なぜならまず最初に自分に責任を持つことができるから、自分がすること、言うこと、もしくは書くことのできたことはそのすべてを受け合えるから、と想定していることにもよっている。（Derrida, 1993／邦訳四四頁）

デリダの思考は透徹しながら、自己であれ、他者であれ、ナラティヴであれ、それらが決定され動きを止めてしまうことをどこまでも遠ざける。

14・3 再び、書くこと

ナラティヴに一義的な読みを付すことも、それをもって他者を決定することも、受け取る自分の位置を固めることすらもできない以上、他者への応答など不可能だというのがデリダの言い分だった。では、人々のナラティヴを前に、自在に読んで楽しむという「テクストの快楽」（Barthes, 1973）に浸って終わることのできない臨床者の責任とは、どう果たされるのだろうか。おそらく、そこで次に求められるのは、あるいはできうるのは、書くことである。

作者を切り離し読者にその権限を委譲したテクスト論において、バーバラ・ジョンソンは読みの暴走を戒めるための倫理をこう語る。

読解のときに従わねばならない命令がひとつだけあるとすれば、それは、いま自分がおこなおうとしている種類の読解を疑問にふすようなものを、つねに念頭におくということである。したがって、わたしとしても認めないではいられない——読解の過程で、他者の驚き《サプライズ》=不意撃ちを正面からみすえ、それをさらに増殖させるような読解であればあるほど、その読解は強力なのだ、と。読者に課せられた不可能だか不可欠な務めとは、驚き=不意撃ちに自分自身を開くことである。

(Jhonson, 1987／邦訳三五頁)

これを臨床の倫理としてパラフレーズしてよいなら、求められるのは、捉えることとの不可能性に耐えつつナラティヴそのものに付き添い続けること、ナラティヴがはらみ呼び込む逸脱や想定外、意外性に驚かされながら、それこそを拡げていくことである。ナラティヴをつかむことも、したがって応答することもできないままに、それでも「驚き=不意撃ちに自分自身を開くこと」は、おそらくそのナラティヴに問いかけ続けること、そしてもう一つの別のナラティヴをそこに重ねること、すなわち書くこと／エクリチュールによって可能になる。ここに至るとき、ナラティヴ・セラピーがどこまでも質問を続け、別のナラティヴ——手紙やアウトサイダーウィットネスの語り直し、応答ではない共鳴——を積みあげることを追求してきた意味がにわかに明瞭になる。

再度くりかえすなら、書くこと／エクリチュールとは、意味が遅延され続けるものとしての、ことば、ナラティヴ、テクストのすべてを覆う比喩である。

だがその上で、実際に書くことが、時間と多声という局面において呼び込まれるべきことばの動きを増幅するメリットをもつことは、これまでの章で見てきた通りである。即答されず書かれるまで待たれる時間、書くことあるいは推敲にかけられる時間、共有され聞き届けられる時間、その後何度も繰り返される読みに開かれている時間。そして、ペンが強調したように、そこには、それぞれ違った声が使われ、響く。第1章でみたように、リフレクティングにおいて重視すべきは「間」と「再考」であることを、晩年のアンデルセンは強調した。そこには、ことばの種がどこに落ちたかを、そして何を芽吹かせようとするのかを見届け、次なるナラティヴを吟味する時間を重視した姿勢が投影されている。「間」と「再考」の時間は、当のナラティヴを守り、それによって生まれる余白は、緩衝地とも開拓地ともなる。「テクストの外部はない」（Derrida, 1972／邦訳五二六頁）といったデリダに従いつつ、テクストに対して丁寧に向かい応える[注5]こと――他者へ、ではなくテクストへのその応答が、どこか遠いところで、責任という場所にもつながると見えるのは、幻視だろうか。

保留した問いに戻ろう。書くこと――語るにせよ、描くにせよ――が、何かを対象として指示し切り取る行為にいつでも転じる以上、そこから力の行使となる側面を排除できると考えるのはむずかしいだろう。書く者がそのリスクへの配慮を軽視することは、いうまでもなく許されない。だが、ここまでみてきたように、書くことは何かを一義的に決定しえないだけでなく、そのテクストには、書き手の意図や意識を超えたもの――無自覚な特権性や支配、ナルシステックな思い入れ、偏狭な視界や無頓着さなど――が常に書かれてしまう。そうしたことが、透かされ、あらわにされるということは、自覚という契機のスタート地点がここでしかなく、さらされたものが、自分も含めた読みと読み手によって鍛えられるということでもある。

前掲において書くことの特権と支配を懸念した岡真理は、同じ著作の付記なかで次のように書く。

発話者のポジションがいかなるものであるかということは、発話という行為が完了してはじめて、その発話から事後的に明らかになる、ということである。発話者の位置とは、何事かを語ることにより、その結果として、「私」がはからずも占めてしまった位置のことである。「私の」の語りの結果として、他者との関係性において「私」がいかなる位置を占めているかが、炙り出されるのである。

(岡、二〇一九年／一九五頁)

書くこと、すなわち、次なるナラティヴがなければ、自らがどこにたち、何を受け取り、何をなし、何がなされなかったかを、発見することも検証することも変革することもできない。「患者が、そして患者との関係性が実際のところどうであるかをもっとも根本から知ることができるのは、書くことを通じてである」(Charon, 2006／邦訳一九〇頁) とシャロンがいうのは、まさにこのような意味においてなのだ。

14・4 ナラティヴの浮力——多重に、あるいは詩のように

言語は事実確認的か行為遂行的かに分別されるものではないというデリダのオースチン批判[註6]は、言語行為論に向けられたというのみならず、言語を分断しようとするあらゆる所作への懐疑なのだと理解することもできる。詩と(伝達・説明するものとしての)散文、あるいは詩的言語と日常的言語など種々の仕分けを超えるべく、言語がすべからく抱える「差延」を彼は強調してきた。「空が青い」とは、事実であり日常であり詩であって、そのすべてのあいだを行き交い浮遊する。

認知症グループホームの午後のお茶の時間に居合わせた時のことだ。リビングで一緒にカップを並べていると、淡色のカーディガンを羽織った小柄な女性に、「ここのお茶には毒が入ってる」と深刻な声で耳

打ちされた。思わず「えっ、じゃあ飲まないほうがいいですか?」と返すと、「うまく飲めば大丈夫」と彼女はさらに声を潜める。一瞬反応できず、「うまく飲むって、どうすれば……?」と聞き返そうとしたときには、女性はすでにテーブルの一番端に座り、澄ました様子でその日の紅茶を口にしていた。

ここのお茶には　毒が入ってる
うまく飲めば　大丈夫

認知症の人が語ることの、事実との落差、辻褄の合わなさに、わたしたちは時として混乱する。とはいえ、そのナラティヴを詩として読み始めれば、景色の歪みは戻る。リビングの穏やかにみえる時間のなかでも、それまでの暮らしから切り離された彼女にとっては、身の内に受け入れがたい何か、齟齬や苦味がきっとあるのだろう。でも、その人はうまく飲むことができるし、見知らぬ来訪者を助けようとさえしてくれる。もしアセスメントシートを書くことを求められるなら、この女性の環境に対する違和感や他者認知、その対処能力やリジリエンスを記すことになるだろう。彼女のキャラクターとして、押しつけがましさのない親切心をそこに付すかもしれない。詩として読むことが、わたしにそれを教える。

少し遅れて、ことばはよりはっきりと詩になっていく。思えば、毒のない日常、人生などあるはずもない。けれども、慌てず騒がず、うまく飲めばいいのだ。彼女のように、揺るがず、しかも上品に。詩が通過した目には、グループホームの光景も少し違って見える。ある人は目を閉じ、別な人は少し声を昂らせて、彼らなりの毒の飲み下し方を探している。上手な飲み方を彼女に聞かなかったことを、わたしは少し後悔する。

認知症の人の語りが詩のようだ、と言いたいのではない。

苦痛と不遇を呪文のように繰り返すことばも、スタッフへのお決まりのねぎらいも、サービス事業者へのクレームの声も、数語しか戻されない寡黙な人の返答も、ナラティヴを散種として眼差す作法があれば、多重に、多層に、つまり詩にもなるということである。ペンはかつて、ベイトソンの「二重記述」は「多重記述」の比喩だったのだと得心した。それにならっていえば、ホワイトの「二重聴取《ダブルリスニング》」は「多重聴取」の比喩だろう。詩のように読むとは、テクストとして読み、多重に聞くことの、けれども、それだけでは言い尽くされない何かまでをどこか照射するような、ナラティヴに向かうための直喩である。

そもそも詩は、読まれる前に聞かれるものだった。詩のなかでは、聞くことと読むことが溶け合う。テクストは読まれ、ナラティヴは聞かれ、それは一つのこととしてそこにあり、それらとともにのみ、わたしたちがある。

●註1――デリダは、エクリチュールの学としてのグラマトロジーを展開する著作のなかで、「語のあらゆる意味において、エクリチュールは言語を包括［了解］するであろう」（『根源のかなたに――グラマトロジーについて（上）』邦訳二三頁）ことを論じている。後年の言語行為論への批判の中でも、このことは次のように簡潔に示される。「私が論証しておきたいのは、エクリチュールの古典的な狭義の概念において認めることのできる諸特徴が一般化可能だということである。こうした特徴は『記号』の全次元とすべての言語活動一般に当てはまるというだけでなく、記号・言語的なコミュニケーションを超えたところで、哲学が経験と呼ぶような領野、さらには存在の経験――つまり前述のような『現前』――と呼ぶような領野にもことごとく当てはまるであろう」（「署名 出来事 コンテクスト」『有限責任会社』所収／邦訳二五頁）。

●註2――ベストとマーカスは、「表層的読解」という文章（編者序文）のなかで、テクスト論や文学批評がテクストへの読みを「深層」や「不在」に偏らせたことへの反省として、テクストの表層に表れている文字通りの意味・物質性・情動などにこそ注意を注ぐべきことを提唱した（Best & Marcus, 2009）。テクストを読むということが、文章に書かれていない深層・真相の究明であるかの誤読を招きがちなことを考えるとその指摘の意味は大きいが、そもそもデリダは表層と深層という二分法をテクストに持ち込むこと自体を好まないかもしれない。

●註3――「現前の形而上学」批判を根幹とするデリダの思考においては、意味の流動性、非決定性が常に強調されることになる。意味が成立する契機の検討を進めようとする上では、社会性・相互性・関係性を接合すべく、デリダとベイトソンのコミュニケーション論、社会構成主義を相互参照していくことが、魅力的なもう一つの議論につながるだろう。

●註4――一九六四年「形而上学道徳誌」に二回にわたって掲載された「暴力と形而上学」。一九六七年刊『エクリチュールと差異』に収録されている。

●註5――テクストへの丁寧な向き合い方という意味では、J・ヒリス・ミラーの推奨するスロー・リーディングとも呼応し合う。「良い読者とは、テクストのなかに存在する如何なるものも見逃さない読者である。これは自ら進んで一時停止した不信感をもはや覚えてもいないような、作品に対する不信感を自発的に停止するような読み方とは、まったく逆のことを意味する。それは、フリードリッヒ・ニーチェが提唱したレントで読むことを意味している。そのような読者は前後関係に注意深く目を配り、踊るよりも歩く感じで、テクストにだまされないように、鍵となる一語一句で立ち止まる」（ミラー『文学の読み方』邦訳一四九頁）

●註6――言語行為論をめぐって、デリダとサールの間で交わされた論争は、三つの論考によって構成されており（一九七二年デリダ「署名 出来事 コンテクスト」、一九七七年サール「差異ふたたび——デリダへの反論」、一九七七年デリダ「有限責任会社abc」）、その全体像はジェラルド・グラフによってまとめられた『有限責任会社』（Derrida, 1990）によって目を通すことができる。

第15章——表層スピリチュアリティ

15・1 チェーホフ再発見

がんセンターの個室病棟の一室。南向きの窓は、借景を得る。真昼。梅雨明けを目前に、空は青く、雲が湧く。外の蒸し暑さは室内にない。私は、ベッドサイドの椅子に腰掛け、在宅にもホスピスにも消極的な女性患者と話している。四年前、直腸がんの肝転移に対する手術の前からの関わりだ。今回、小脳転移の手術後、全脳照射も終わり、ひと月になろうとしている。ベージュのパジャマを着た患者は、ぼんやりした顔つきで両手を膝の上に乗せている。

転ぶのは脚のせいか頭のせいか、どっちだと思います?

脚のせいだと思います。

リハビリがもっと要りますかね。

そうですね。

足が腫れましたね、でも、まあ先週と同じくらいですか。

ええ。

あなたの足じゃないみたいだね、でも、そう言うと、足がなんだか可哀想かな。

私の足じゃないみたいだから部屋を代われと言うのでしょうか?

いや、看護師さんたちは、あなたがナースコールを押すのに、少しでも申し訳なさが減ればと思って、詰所の近くの部屋を勧めたのだと思うよ。

九号室ですか?

……そもそも九号室や四号室はないですよ。苦しみとか死を連想するから。

ここは何号室でした?

ここは六号室だよ。


ここでふと、ロバート・コールズの話を思い出す。脳転移のせいか彼女の話す速度は十分の一くらいで、多少せん妄も出てきている。


部屋を変わりたくないのは、ここが好きだから?

そうですね

これが、翌日早朝に、私がチェーホフ『六号病室』（岩波文庫）を読んだ理由である。となれば、児童精神科医でピューリッツアー賞作家ロバート・コールズのチェーホフ体験を紹介しないわけにはいかないだろう。医学部三年次の担当教官であるニーランド教授（Dr. Yale Kneeland）との体験である。

私が特別に思い出す絶望的な日は、長老派教会病院のニーランド先生の部屋で終わった。医学部の三年生として私は若い女性の死を見届けた。彼女は慢性白血病に何年も苦しんでいたが、その生き生きとした知性と美しい容姿によって、繰り返す入退院の経過中、私の多大なる心配を掻き立て、興味を引いた。彼女は病気になるまで学校で教えていて、（その頃には）頻度の増した入院中に、担当医たちを少しでも（文学的とまではいかなくとも）まともに読み書きのできる人間にすることに喜びを見出していた。

……私は独りごちた。明日は試験だ。もう真夜中だ。彼女の診察はさっと済まそう。ウィラ・キャザーやユードラ・ウェルティ、トルストイやチェーホフ、彼らの世界観やら在り方なんかは次回だ！病室に入ると、彼女はすぐに私を見た。そして微笑んだ。彼女が大丈夫なのは日中確認済み。心地よさげで穏やかだ。表情もいつもながらの静けさをたたえていた。私は退室前に何かできることはないかと訊ねる。ニーランド先生の指導通りに。低い声でオープン・クエスチョンをすれば、患者は何かを言ったり、要求したり、信念を強調したりすることができる。彼女はこう言った。「あるわよ。あなたは良い医師になろうと努力することができる」。その言い方はいつもながらに優しく冷静だったが、私には疑念というより精神医学的思考が浮かぶ。こんな言葉だ。（翌朝の回診時に）示唆すべき言葉、それはカルテに書かれなければならない。〈精神科コンサルテーションへ〉。看護師が廊下を歩いてくる姿が視野の端に見える。……私は黙って思いをめぐらしていたが、突然、問われた。「ここが六号病棟でなければいいのに」。「違いますよ」と私は答える、「ここは七階だから」。そして、不確かさがこの死にゆく女性の顔を横切るのを見たように思う。彼女の混乱を確信する。身体状況の悪化、ないし、おそらくこれまでの治療に対する彼女の思いにおいて……

私がニーランド先生に深夜のこのメランコリックな出来事について話すと、先生は首を横に振った。先生はこの患者をよく知っていて、予後もわかっていたから驚きはしなかった。私は、先生が椅子の背にもたれ、六号病棟から何を連想するかと訊ねたのを覚えている。私は、医師としての刺激的な直感や解釈について一席ぶった。それは、状態の悪い人の見当識障害であり、学生の私にさえすでにお馴染みのもの。神経質に詳細な私の説明が終わったとき、先生は何も言わなかった。ただ、机の近くの書棚に近づき、右手で一冊の本を取り出し、広げて、目次を探り、あるページを開き、机の上の紙を栞がわりにしてその本を私に手渡した。私がそこを開くと、そこには「六号病棟」[註1]があった。その短篇の冒頭を素早く読んだのを覚えている。「病院の庭にささやかな別棟が立っている……」。私はその本を閉じるときの、先生から示された頁をおさえた自分の右手の親指の感触、そして（今では恥ずかしながら）この「六号病棟」を誰が書いたのかを知ったときのことを憶えている。私は何か言う間もなく（あったとしてもそれを知らずに）、こんな声を聞いた。「持って行きなさい。チェーホフは医師が生涯常に携えているべきものだよ」……「彼女はずっと長い間悪い状態が続いていました。死は近づいていたのです。そして彼女は、人生に罠をかけられ翻弄されていると感じていました。君はその最も近くにいた人間です。〈人生〉の代表というわけだ。だから、彼女は自分に起こりつつあることを君に言ったんだよ。チェーホフ先生の助けを借りてね。

(Coles, 1984)

さて、私がこのコールズの話に自分の体験を重ねて思うのは、何も九号室という言葉で彼女が自分の抱えている苦しみを表現したなどという深読みではない。チェーホフの記した患者の苦しみをニーランド教授が汲み取り、それを学生コールズに伝え、彼が後年書き記したエッセイを記憶することで、読者は、何らかの刺激さえ受ければ、患者の苦しみをわずかであれ想像する機会を与えられるということだ。これは紛れもなく医学と文学の交わりの特典である。

このような経験をどのように理解できるだろうか。ナラティヴは共鳴し反響する。言説、社会的共有、コミュニティ、会話、対話、読書、モノローグ、イメージ、そして無意識。対話によって「六号室」を読むことに誘われ、それが『チェーホフの医師たち』というアンソロジーやその序文に紹介されたチェーホフという医師の診療場面が描かれた油絵のイメージに収斂する。ガストン・バシュラールが、「共鳴は世界のなかのわれわれの生のさまざまな平面に拡散するが、反響はわれわれに自己の存在を深化することをよびかける。共鳴においてわれわれは詩をききとり、反響においてわれわれは詩をかたり、詩はわれわれのものとなる」(第6章)と述べたように、「ここは何号室でした?」という患者の一言は、共鳴によって横につながり、反響によって「われわれのもの」となる。詩の経験でもあるこの経験を、ここでは特殊な形の「スピリチュアリティ」の経験と考えてみたい。

15・2　表層スピリチュアリティ

スピリチュアリティとは、多くの人が取り扱いに躊躇するものである。特に医学領域だと、目に見えず測定できないものである以上に、まずもって統一された定義のないこと自体が問題になる。二〇年ほど前であれば、「個人の存在よりもスケールの大きな、より超越的な存在との繋がり」というような定義で通っていたようだが、現在では混沌としている。近年では、「人生の意味」への覚醒と捉えることが多いようだ。医療関係者が対応すべきとされるスピリチュアルな苦痛＝スピリチュアル・ペインとは、大雑把には、健康（もちろん身体的・心理的・社会的に）であるのに幸福を感じられない状態とすればわかりやすい。

マイケル・ホワイトは「倫理と表層スピリチュアリティ――マイケル・ホワイトへのインタビュー」において、西洋文化のスピリチュアリティは、[◉註2] 内在型（immanent forms）、上昇型（ascendant forms）、そして内在／上昇型（immanent/ascendant forms）に分類されていると述べる（White, 2000）。上昇型スピリチュアリティとは、「日常生活よりも高いレベルに想定される平面」において達成されるものであり、例えば、「神の祝福」を経験する水準へと上昇すること、神の言葉と生活とのあいだの対応を獲得することが目指される。内在型スピリチュアリティは、「日常生活の表層よりも深いところに想定された洞窟」に下りていくことで達成されるものであり、例えば「真の自分」になること、「人間の本質に触れる」こと、「内なる神への忠誠」が目標である。ホワイトは大衆心理学をこの内在型スピリチュアリティの一類型と考えている。内在／上昇型スピリチュアリティは、「魂ないし霊に触れる」経験を通して達成され、「自己の奥深く」と「高い位置にある神」との関係が追及される。いずれにしても、スピリチュアリティは「物質に即した様式」になく、生活の上方か下方にある何か「見えないもの」を経験することと想定されている。そしてこう述べる。

現代的な内在／上昇型スピリチュアリティの多くを私はとても美しいと思いますし、魂という概念はプシケという概念よりも美学的にはるかに喜ばしいものだと思うものの、そしてスピリチュアリティ概念と関連した生活の提唱、お望みなら倫理とも言えますが、そういったことを探求することに関心はあるものの、私としては物質的裏づけのあるスピリチュアリティとでも呼ぶべきものにずっと関心があるのです。

（White, 2000／邦訳一八七‐一八八頁）

そして、自らのスピリチュアリティを「表層スピリチュアリティ（spiritualities of the surface）」と呼び、以下のように特徴付けている。

表層スピリチュアリティは、物質的存在との関係なくしてありえません。それらは、人々のアイデンティティ・プロジェクトの形において、そして人々が自己の形成について知ることに踏み出す一歩において、読みとることができるスピリチュアリティです。この形のスピリチュアリティは、人の個人的倫理と関わり、人が自分の生活に踏み込む際の存在思考様式に関わり、そして生活スタイルの成功のために人が行う配慮に反映されます。これは、与えられた自己像ではない別の者になることとしばしば関係する点で変容的スピリチュアリティです。非物質的なものには関わらず、見えるものに関わる形のスピリチュアリティなのです。さらに言えば、これはフーコーが自己の倫理に関する著作において言及したスピリチュアリティに属します。

（同書／邦訳一八八 - 一八九頁）

さて、ニーランド教授が若きコールズに行ったのはある種のコンサルテーションであるが、そこでは、医師が携えるべき理念や医師としての真の成長の自覚を促す助言ではなく、一冊の本の頁が示された。それを「私が特別に思い出す絶望的な日」としてコールズは記憶し、そのエッセイを読んでいた医師である私は患者と対話するなかで「ここは何号室でした？」という言葉に出会い、その経験を豊かにする準備はもうできていた。これを表層スピリチュアリティの共鳴と反響によるコンサルテーションと考えることはできるだろうか。ホワイトは表層スピリチュアリティのイメージとして、オーストラリアの作家デイヴィッド・マルーフの詩学を引用する。

私たちのいる世界の豊かさに人々の手が届くようにする仕事、つまり普通の日々の暮らしに密度をもたらすことが、文化というものの本当の仕事です。そのおおかたは、私たちの意識を、その言葉の二つの意味において、豊かにすることです。つまり、まわりにある物事についての気づきを高めることと、最も鮮やかな仕方で感覚に上らせることです。それは、そのすべてを意識に「持ち込み」、そこで第二の命を生じさせることでもあります。そうなれば、私たちは、棲む世界を、事実に基づくと同時に、想像的にも所有することができるのです。

(Malouf, 1998, p.35)

詩はどのように、心の奥深くに感じられ、そうでもしなければ記録されることもないことを声にするのでしょう。もっとも簡単明瞭な言葉がいつも使われるわけではないのは、それがいつでも可能というわけではないからですが、いずれにせよ正確な言葉が使われるのです。ユニークながら繰り返されるあらゆる出来事、日々の存在の小さな秘跡、心臓の鼓動と身近でありながら表現不能な物事の壮大さと恐怖の兆候、それはわたしたちの別の歴史です。出来事のノイズとおしゃべりの下、静かに進行するもの。それがこの惑星の生活で毎日起こることの大半であり、そのはじまりから綿々と続いてきたものです。詩とは、それに見合う言葉を見つけること、たいていは見えず語られることもないことに重要性を加味することです。詩ができれば、それがわたしたち全員をつなぎとめるのは、それがわたしたち一人ひとりの中心から直に語られるからです。自分たちも経験していたのにそれが言葉にされるまで経験することのなかったものに姿を与えることです。たとえ詩が語られるや否や、私たちが自分自身のものとしてそれを知るのだとしても。

(Malouf, 1991, pp.283-284)

では、表層スピリチュアリティのケアはどのような形をとるのか。ホワイトのナラティヴ実践がその一つの回答ではあるものの、ケアと呼ぶかどうかは別にして、実際にそのような効果が結果的に得られるものはどのような形をとるのだろうか。

15・3 「精神療法してもらった気分」

三か月に一回遊びに来るかのように再診する統合失調症の六〇代男性との会話。


リスペリドンは二錠飲むと安定しすぎて、人に嫌と言えなくなっちゃう。

何が困るの？

おごれと言われたり、アパートに今から行くぞ、なんて言われても断れない。

そりゃまずいね、先生に言って一錠にしてもらったら？

そうですね。

今日の靴いいねえ。

古いですよ、久しぶりに履いてきた。

そりゃおニューと同じだ、その茶色のベストとコーディネートしてる、おしゃれだよ。

そうですか。

オシャレしなくなったらダメだよね。

人格荒廃ですね。

あ、その通り。

僕は統合失調症じゃないですから。主治医は精神療法やってくれない。眠れるか、食べてるか、薬飲んだかの三つしか聞かない。

そりゃ初心者だね。いくつくらい。

四〇くらいかなあ。

基本は大事だけどね、ずっと初心者でいく人もいるからねえ、どうせ三つ訊くなら、眠れるか、食べてるか、たってるかじゃないとね。

三大欲望ですもんね。

それにしても人格荒廃はいいねえ。

すさみが一番怖いと思っています。

その言葉を選ぶセンスがいいねえ。なぜいいかわかる？

わかりません。

それはね、自分の経験に近いからだよ。借り物じゃないから。そういうのは大切にしないとね。

昔からそう思っていました。

そんな素晴らしいことを言える場がないというのが悲しいね。デイケアでお茶飲んで作業しているだけじゃね。

本当、そうですね。今日は精神療法してもらった気分です。

いいねえ。それはね、今日の靴を指摘したぼくが偉いの。オシャレしてきたあなたももちろん偉いし、統合失調症だと言われたくなくてそれを勉強して、人格荒廃をすさみと訳したあなたはさらに偉い。

そうですね。

●註1――英訳は"Ward No.6"で「六号病棟」だが、日本語訳は『六号病室』ないし『六号室』で病棟ではなく病室を示している。どちらも誤訳ではないのは、その舞台が中庭に建てられた精神科の別棟ではあるものの、一階建の一室しかない閉鎖病棟に五人の患者が入院しているからである。「六号病棟」では上記の私の連想はなかったし、「六号病室」ではコールズの会話もなかったであろうことは、これまた興味深い。

●註2――フーコーは、西洋文化史における人間主体の生成について説明する中で、道徳的行為体としての自己の構築に関する四つの側面の移り変わりをテーマにした（Foucault, 1984）。ホワイトはその四つ、①倫理的実体（肝心な配慮）、②主体化＝隷属の様態（ルールの体系／一定の価値観と生活原理）、③禁欲主義（自己の技術、関係性の技術）、④道徳的目的論（目標、ないし望まれる最終状態）を、スピリチュアルな美学とした（White, 2000）。それらを参照することによって、ホワイトはスピリチュアリティと宗教の概念を解明できるという。たとえば、スピリチュアリティや宗教に関する会話において以下のことを訊ねることができる。「自らの人生の中で適切に管理する責任があることは何か」（倫理的実体）、「その管理の中で観察していることは何か、そのような努力の成功を判断するにあたって何をしているか」（主体化＝隷属化の様態）、「倫理的な存在の追求を通して行う自己形成的および関係形成的な活動は何か」（禁欲主義）、「人生の道徳的発展を通して彼らは何になろうとしているのか」（道徳的目的論）。

あとがき

ナラティヴ・コンサルテーションということばが形をもつようになったのは、あるとき小森康永さんが言った何気ないひとことがきっかけだ。

「ナラティヴということばは、副詞的に使ったほうがいいかもしれないね」

ナラティヴ・メディスンの柱の一つである「創作的記述／創造的執筆 creative writing」にこの五、六年傾倒するなか、この場で起こっていることはいったい何だろう、と考え続けてきた。本文でもふれたように、ナラティヴ・メディスンは教育プログラムであり、ナラティヴ・コンピテンスを高めるためのトレーニングである。けれども、対人支援職が集い、書きものを共有する空間は、個々の能力育成を超えた質量に満ちていた。そこには、事例や状況が、ひとつの正しさに向かって収斂するのではなく、幾重もの世界となって立ち上がるのを、受け取りながら歩いていくような時間があった。これは、臨床的出来事や経験を〝ナラティヴに〟する、そうしたコンサルテーションでもあるのだ、そのときそう腑に落ちたのだった。

ナラティヴ・セラピーについて人々に語ることを求められる場面で、しばしば耳にしてきたのは、その魅力は理解できるものの実践するにはハードルが高いという声である。たしかに、多様な持ち場で働く対人支援職がナラティヴ・セラピーの面接に今すぐ取り組むには、難しさが先立つかもしれない。でも、自分たちの臨床を少しでも〝ナラティヴに〟することならできるはず、とこたえたい気持ちがある。コンサルテーションは専門職協働であり、そこでは透明性と安全性が担保され、一定の試行錯誤も許容されるだろう。まずはここからナラティヴ・プラクティスの旅に出てみては、と誘いたい。次々に見えてくるものに驚きながら探求を続け、あるときふいに、見たかったのはきっとこれだという風景に出会うあのナラティヴ感覚。その体感に遭遇する方々が増えることを、願っている。

この本を作ることは、それ自体がナラティヴ・コンサルテーションの実践でもあった。同じことをめぐって書いていても、視点がぴたりと一致しているわけではなく、角度や語り口は違う。いたるところにズレ、隙間、重複がある。そこに読みにくさがあろうと案じつつ、その拡がりこそを自在に読み楽しんでいただければとも思う。二人の間に日々交わされることばと重なる時間が、互いの世界を更新し、好奇心の尽きない場所に運んでくれる――その感覚の確かさだけをたよりに、どんなものが出来上がるのかもわからないまま、作業は進んだ。そして、わたしたちも今、たどり着いた途上のこの光景に驚いている。

本書の編集作業を担ってくださった高島徹也さんに感謝いたします。そしてなにより、掲載を快諾いただいた方々をはじめとして、これまで素敵なパラレルチャートやリフレクションをわたしたち二人に届けてくれたすべてのみなさまに、心よりの御礼を。

二〇二二年一月二八日　観音の日に　安達映子

Wyatt, J. (2018). *Therapy, stand-up, and the gesture of writing: towards creative-relational inquiry.* Routledge.

Wyatt, J., Gale, K., Gannon, S., & Davies, B. (2011). *Deleuze & collaborative writing: an immanent plane of composition.* Peter Land.

Wyatt, J., Gale, K., and Gannon, S. et al. (2014). Deleuze and collaborative writing: responding to/with 'JKSB', *Cultural Studies↔Critical Methodologies, 14*(4), 407-416.

Бахтин, M. M. (バフチン，ミハイル) (1975). Слово в романе. (伊東一郎訳 (1996). 小説の言葉. 平凡社)

ウルフ，ヴァージニア (川本静子編訳) (2002). 病むことについて．みすず書房.

大岡信 (2017). うたげと孤心．岩波文庫

大岡信・谷川俊太郎 (1975/2018). 詩の誕生．岩波文庫.

岡真理 (2019). 彼女の「正しい」名前とは何か［新装版］．青土社.

カーヴァー，レイモンド (村上春樹訳) (1994). 象／滝への新しい小径［カーヴァー全集6］. 中央公論新社

岸本寛史 (2021). せん妄の緩和ケア——心理面への配慮．誠信書房.

小森康永 (2015). ナラティヴ・メディスン入門．遠見書房.

小森康永 (2015). ナラティヴ・オンコロジー．(小森康永編) はじめよう！　がんの家族教室. 日本評論社.

左川ちか (1983). 左川ちか全詩集．森開社.

チェーホフ，アントン (松下裕訳) (1993). 犬をつれた奥さん．［チェーホフ全集8］．ちくま文庫.

チェーホフ，アントン (松下裕訳) (1994). 敵．［チェーホフ全集4］．ちくま文庫.

野家啓一 (2005). 物語の哲学．岩波現代文庫.

萩原朔太郎 (1923/1993). 青猫．集英社文庫.

ハン・ガン(한강) (2014). 소년이 온다. (井手俊作訳) (2016). 少年が来る．クオン.

ハン・ガン(한강) (2013). 회복하는 인간. (斎藤真理子訳) (2019). 回復する人間．白水社.

松谷みよこ・いわさきちひろ (1967). うらしまたろう．偕成社.

吉本隆明 (2006). 詩とは何か．思潮社.

Ricoeur, P. (1985). *Temps et récit. Tome 3, Le temps raconté. Paris.* Éditions du Seuil. (久米博訳 (1990). 時間と物語III――物語られる時間．新曜社)

Roberts, M. (2009a). Recursive and connecting dialogues: spoken and written conversations. *Journal of Systemic Therapies, 28*(4), 12-25.

Roberts, M. (2009b). Writing and the reflecting process: a dialogue with Tom Andersen and Peggy Penn. *Journal of Systemic Therapies, 28*(4), 61-71.

Sontag, S. (1978). *Illness as metaphor.* Farrar, Straus and Giroux. (富山太佳夫訳 (1982). 隠喩としての病い．みすず書房)

Sparks, J., Ariel, J., Coffey, E. & Tabachnik, S. (2011). A fugue in four voices: sounding themes and variations on the reflecting team. *Family Process, 50*(1), 115-128.

Weingarten, K. (1995). Radical listening: challenging cultural beliefs for and about mothers. In K. Weingarten (ed.). *Cultural resistance: challenging beliefs about men, women, and therapy.* Harrington Park Press/Haworth Press, pp.7-22.

Weingarten, K. (2010). Reasonable hope: construct, clinical applications, and supports. *Family Process, 49*(1), 5-25.

Weingarten, K. (2016). The art of reflection: turning the strange into the familiar. *Family Process, 55,* 195–210.

White, M. (1995). *Re-authouring lives: interviews & Essays by Michael White.* Dulwich Center Publications. (小森康永・土岐篤史訳 (2000). 人生の再著述．ヘルスワーク協会)

White, M. (1996). On ethics and the spiritualities of the surface. In M. F. Hoyt (ed), *Constructive Therapies, Volume 2.* Guilford Press. Also in M. White. (2000). *Reflections on narrative practice: essays and interviews.* Dulwich Center Publications, M. White. (2016). *Narrative Therapy Classics.* Dulwich Center Publications. (倫理と表層スピリチュアリティ――マイケル・ホワイトへのインタビュー．小森康永・奥野光訳 (2021). リフレクションズ――ナラティヴと倫理・社会・スピリチュアリティ．金剛出版，pp.183-225)

White, M. (1997). *Narratives of therapists' lives.* Dulwich Center Publications. (小森康永 (監訳) (2004). セラピストの人生という物語．金子書房)

White, M. (2007). *Maps of narrative practice.* W.W. Norton. (小森康永・奥野光訳 (2009). ナラティヴ実践地図．金剛出版)

White, M. (2000). An exploration of aesthetics. Context: magazine for family therapy and systemic practice. February, No.47. In M. White (2000). *Reflections on narrative practice: essays & interviews.* Dulwich Center Publications. (美学の探求．小森康永・奥野光訳 (2021). リフレクションズ――ナラティヴと倫理・社会・スピリチュアリティ．金剛出版，pp.227-242)

Winslade, J. (2009). Tracing lines of flight: implications of the work of Gilles Deleuze for narrative practice. *Family Process, 48*(3), 32-346.

Winslade, J. and Hedtke, L. (2008). Michael White: fragments of an event. *The International Journal of Narrative Practice and Community Work, 2,* 5-11.

Griffith, J.L. (2010). *Religion that heals, religion that harms.* The Guilford Press.

Hedtke, L. & Winslade, J. (2017). *The crafting the grief: constructing aesthetic responses to loss.* Routledge. (小森康永・奥野光・へミ和香訳 (2019). 手作りの悲嘆. 北大路書房)

Iser, W. (1976). *Der akt des lesens: theorie ästhetischer wirkung.* Wilhelm Fink Verlag. (轡田収訳 (1982). 行為としての読書. 岩波書店)

Johonson, B. (1987). *A world of difference.* Johns Hopkins University Press. (大橋洋一ほか訳 (1990). 差異の世界——脱構築・ディスクール・女性. 紀伊國屋書店)

Levinas, E. (1978). *Autrement qu'etre ou au-delade l'essense.* Kluwer Academic Publishers. (会田正人訳 (1999). 存在の彼方へ. 講談社学術文庫)

Malinen, T. et al. (eds.). (2012). *Masters of narrative and collaborative therapies: the voices of Andersen, Anderson, and White.* Routledge. (小森康永ほか訳 (2015). 会話・協働・ナラティヴ——アンデルセン・アンダーソン・ホワイトのワークショップ. 金剛出版)

Malouf, D. (1991). *The Great World.* Pan MacMillan.

Malouf, D. (1998). *A spirit of play: the making of Australian consciousness.* ABC Books.

Miller, H. (2002). *On literature.* Routledge. (馬場弘利訳 (2008). 文学の読み方. 岩波書店)

Nachmanovitch, S. (1990). *Free play: improvisation in life and art.* TarcherPerigee. (若尾裕訳 (2014). フリープレイ——人生と芸術におけるインプロヴィゼーション. フィルムアート社)

Nabokov, Vladimir (小笠原豊樹訳) (2013). ナボコフのロシア文学講義 (下). 河出文庫.

Paz, O. (1967). *El arco y la lira.* Fondo de Cultura Económica. (牛島信明訳 (1980/2011). 弓と竪琴. 岩波文庫)

Penn, P. & Frankfurt, M. (1994). Creating a participant text, writing, multiple voices and narrative multiplicity. *Family Process, 33,* 217-231.

Penn, P. & Frankfurt, M. (1999). A circle of voice. In S. McNamee, & K. Gergen (eds.). *Relational Responsibility.* Sage Publications, pp.171-179.

Penn, P. (1985). Feed-forward: future questions, future maps. *Family Process, 24,* 299-310.

Penn, P. (2001). Chronic illness: trauma, language, and writing: breaking the silence. *Family Process, 40*(1), 33-52.

Penn, P. (2001). *So close.* Caven Kerry Press.

Penn, P. (2009). *Joined imaginations.* Taos Institute Publication.

Penn, P. (2011). *My painted warriors.* Caven Kerry Press.

Prosek, J. (2000). *Eels: an exploration, from New Zealand to the Sargasso, of the world's most mysterious fish.* Harper Collins Publishers. (小林正佳訳 (2016). ウナギと人間. 築地書館)

Raizman, L.S. & Hollander-Goldfein, B. (2014). *Narrative reflections.* Hamilton Books.

Richardson, L. (1996). Writing a method of inquiry. In N. K. Denzin & Y. S. Lincoln, *Handbook of qualitative research.* Sage Publications. (平山満義 (監訳) (2006). 質的研究ハンドブック3巻, 書く——一つの探求方法. 北大路書房)

Calvino, Italo (1988). *Lezioni americane: Sei proposte per il prossimo millennio.* (米川良夫・和田忠彦訳 (2011). カルヴィーノ アメリカ講義――新たな千年紀のための六つのメモ．岩波文庫)

Caplan, G. (1970). *The theory and practice of mental health consultation.* Basic. Books.

Charon, R. (2006). *Narrative medicine: honoring the stories of illness.* Oxford University Press. (齋藤清二ほか訳 (2011). ナラティブ・メディスン：物語能力が医療を変える. 医学書院.

Charon, R. et al. (2017). *The principles and practice of narrative medicine.* Oxford University Press. (齋藤清二ほか訳 (2019). ナラティブ・メディスンの原理と実践．北大路書房)

Coles, R. (1984). The wry Dr. Chekhov. *American Poetry Review,* July/August.

Deleuze, G. (1969/英訳1990). *Logique du sens.* Les Éditions de Minuit. (小泉義之訳 (2007). 意味の論理学 (上) (下). 河出文庫)

Deleuze, G. (1988/英訳1992). *Le Pli: Leibniz et le Baroque.* Les Éditions de Minuit. (宇野邦一訳 (1998). 襞．河出書房新社)

Deleuze, G. et Parnet, C. (1977/英訳2007). *Dialogues.* Flammarion. (江川隆男・増田靖彦訳 (2011) ディアローグ．河出文庫)

Denzin, N. (2013). *Interpretive autoethnography.* Sage Publications.

Denborought, D. (2011). Editor's Note. In M. White, *Narrative practice.* W.W. Norton. New York. (小森康永・奥野光訳 (2012). ナラティヴ・プラクティス――会話を続けよう．金剛出版)

Derrida, J. (1967). *De la gramatologie.* Les Éditions de Minuit. (足立和浩訳 (1972). 根源の彼方に――グラマトロジーについて (上・下)．現代思潮新社)

Derrida, J. (1967). *La voix et le phénomène.* Presses Universitaires de France. (林好雄訳 (2005). 声と現象．ちくま学芸文庫)

Derrida, J. (1972). *La dissémination.* Éditions du Seuil. (藤本一勇ほか訳 (2013). 散種. 法政大学出版局)

Derrida, J. (1990). *Limited Inc.* Éditions Galilé. (高橋哲也ほか訳 (2002). 有限責任会社．法政大学出版局)

Derrida, J. (1993). *Passions.* Éditions Galilé. (湯浅博雄訳 (2001). パッション．未来社)

Derrida, J. (2004). *Chaque fois unique, la fin du monde, présenté par Pascale-Anne Brault et Michael Naas.* Éditions Galilé. (土田知則・岩野卓司・國分功一郎訳 (2006). そのたびごとにただ一つ、世界の終焉 I II．岩波書店)

Dickinson, Emily Elizabeth (亀井俊介編) (1998). 対訳ディキンソン詩集．岩波文庫.

Ellis, C. (1995). *Final negotiations: a story of love, loss and chronic illness.* Temple University Press.

Foucault, M. (1984). *Histoire de la sexualité (Tome 3): Le souci de soi.* Éditions Gallimard. (田村俶訳 (1987). 性の歴史III――自己への配慮．新潮社)

Fox, J. (1995). *Finding what you didn't lose: expressing your truth and creativity through poem-making.* TarcherPerigee.

Gale, K. and Wyatt, J. (2007). Writing the incalculable: a second interactive inquiry. *Qualitative Inquiry, 13*(6), 787-807.

文 献

Andersen, T. (1987). The reflecting team: dialogue and meta-dialogue in clinical work. *Family Process, 26*(4), 415-428.

Andersen, T. (ed.). (1991). *The reflecting team: dialogues and dialogues about the dialogue.* Norton. (鈴木浩二監訳 (2001). リフレクティング・プロセス――会話における会話と会話．金剛出版)

Andersen, T. (1992). Reflections on reflecting with Families. In McNamee, S. & Gargen, K.J. (ed.). *Therapy as social construction.* Sage publications. (野口裕二・野村直樹訳 (2014). リフレクティング手法をふりかえって．ナラティヴ・セラピー――社会構成主義の実践．遠見書房)

Andersen, T. (2007). Reflecting talks may have many versions: here is mine. *International Journal of Psychotherapy, 11*(1), 27-44.

Andersen, T. & Jensen, T. (2007). Crossroad. In H. Anderson, & P. Jensen (ed.). *Innovations in the reflecting process.* Karnac.

Anderson, H. (1997). As if. In *Conversation, language and possibilities.* Basic Books, pp.235-242. (野村直樹訳，ワークショップ・アズ・イフ（あたかも）．小森康永・野村直樹編 (2003). ナラティヴ・プラクティス．至文堂，pp.183-194.

Bachelard, G. (1957). *La Poétique de l'Espace.* Presses Universitaires de France.（岩村行雄訳『空間の詩学』ちくま学芸文庫，2002）

Barthes, R. (1961-71). *Introduction à l'analyse structurale des récits.* Éditions du Seuil. (花輪光訳 (1979). 物語の構造分析．みすず書房)

Best, S. & Marcus, S. (2009). Surface reading: an introduction reading "The Way We Read Now". *Representations, 108*(1), 1-21.

Bochner, A.P., Ellis, C. (2016). *Evocative autoethnography: writing lives and telling stories.* Routledge.

Borges, J.L. (1976). *Libro de suenos.* Torres Aguero Editor, Buenos Aires. (堀内研二訳 (2019). 夢の本．河出文庫)

Borges, J.L. (2000). *This craft of verse.* Harvard University Press. (鼓直訳 (2011). 詩という仕事について．岩波文庫．

Boscoolo, L. et al. (1987). *Milan systemic family therapy: conversations in therapy and practice.* Basic Books. (鈴木浩二 (監訳) (2000). 家族面接のすすめ方――ミラノ派システミック療法の実際．金剛出版)

Brown, Rebecca (1995). *The gift of the body.* Harper Perennial. (柴田元幸訳 (2001/2004). 体の贈り物．マガジンハウス／新潮文庫)

〈著者略歴〉

小森康永（こもり・やすなが）

一九六〇年　岐阜県生まれ。一九八五年　岐阜大学医学部卒業。同大学小児科入局。一九九〇年　米国メンタル・リサーチ・インスティチュート留学。一九九五年　名古屋大学医学部精神神経科入局。現在、愛知県がんセンター精神腫瘍科部長。著書『ナラティヴ実践再訪』金剛出版、二〇〇八年／『バイオサイコソーシャル・アプローチ』（渡辺俊之との共著）金剛出版、二〇一三年／『ナラティブ・メディスン入門』遠見書房、二〇一五年／『がんと嘘と秘密』（岸本寛史との共著）遠見書房、二〇二二年、ほか多数。／訳書　ホワイトとエプストン『物語としての家族』金剛出版、一九九二／二〇一七年／ホワイト『セラピストの人生という物語』金子書房、二〇〇四年／ホワイト『ナラティヴ・セラピー・クラシックス』金剛出版、二〇一八年／ソンダース『私のスピリチュアリティ』北大路書房、二〇二二年、ほか多数。

第3章・第4章・第6章・第7章・第8章・第9章・第12章・第15章

安達映子（あだち・えいこ）

一九六二年　東京都生まれ。一九八五年　立教大学社会学部卒業。一九九二年　立教大学大学院社会学研究科博士課程前期応用社会学専攻修了。現在、立正大学社会福祉学部教授。著書『子ども家庭支援論』（共著）アイケイ・コーポレーション、二〇一八年／『ナラティヴ・セラピーのダイアログ』（共著）北大路書房、二〇二〇年、ほか。訳書サーウィックほか『グラフィック・メディスン・マニフェスト』（共訳）北大路書房、二〇一九年／グッドヘッドとハートレー『みんなのスピリチュアリティ』（共訳）北大路書房、二〇二〇年。

第1章・第2章・第5章・第7章・第10章・第11章・第13章・第14章

ナラティヴ・コンサルテーション
書《か》くことがひらく臨床空間《りんしょうくうかん》

2022年4月10日　印刷
2022年4月20日　発行

著　者　小森康永・安達映子
発行者　立石正信

発行所　株式会社 金剛出版

〒112-0005 東京都文京区水道1丁目5番16号升本ビル二階
電話 03-3815-6661　振替 00120-6-34848

装画　関谷富貴／栃木県立美術館所蔵（関谷富貴作品群（1）（3））
装幀　岩瀬聡
印刷・製本　太平印刷社

ISBN 978-4-7724-1886-7 C3011 ©2022